図解 眠れなくなるほど面白い

犯罪心理学

法政大学文学部心理学科教授
越智啓太 監修
Ochi Keita

日本文芸社

犯罪心理学は、犯罪者の行動や心理について科学的に分析する学問です。日本には大学だけでなく法務省や家庭裁判所、警察の科学捜査研究所や少年課などに１０００人以上の犯罪心理学者（法務技官や家裁調査官も含めて）がいます。彼らは、日々、犯罪者や非行少年に面接をしたり、事件捜査や裁判に携わりながら、犯罪現象を明らかにしようと努力を続けています。

犯罪心理学の歴史は、１００年以上あり、多くの研究や刑事司法、矯正の実務を通して、さまざまなことが明らかになってきました。しかし、なぜか学問としての犯罪心理学についての正しい知識は人々にあまり共有されていません。その原因は、まず、人々がテレビドラマや推理小説、アニメやニュース報道だけを見て、犯罪心理学を理解した気になってしまっているというところにあると思います。しかし、現実にはドラマのような事件はほとんど起きません。みなさんの持っている犯罪や犯罪者のイメージは現実離れしている可能性が大きいのです。また、テレビ等で間違った解説やコメントをする「犯罪心理学者」やコメンテーターがいることも原因でしょう。事件についていかにも専門家のような解説をしている人の中には、驚くべきことに実際、犯罪者にほとんど接したことがない人も少なくありません。

そこでこの本は、できるだけわかりやすく、学問としての犯罪心理学、つまり、調査データや実験データ、犯罪者や非行少年に対するアセスメントや臨床活動などをもとにした、いわゆるエビデンスに基づいた犯罪心理学を広く紹介しようと思い作成しました。ひととおり読んでいただければ、きちんとした学問としての犯罪心理学も十分興味深く、また、重要な研究成果を出していることがわかるはずです。ただし、犯罪現象は多様で、また時代とともに変化していきます。そのため、まだまだ、よくわかっていないことや暫定的な結論しか出ていないものも、少なくありません。これらの問題についてはプロの犯罪心理学者だけでなく多くの人々が協力して、明らかにしていく必要があります。

この本を読まれて、取り上げられているそれぞれのトピックに興味を持たれたら、ネットだけでなく、できれば、より詳しい文献を読んでみて、理解を深めていただければと思います。

法政大学教授　越智啓太

眠れなくなるほど面白い 図解 犯罪心理学 もくじ

第3章 性犯罪の心理

第1章

犯罪心理学の基礎

犯罪心理学ってなに？

犯罪心理学が扱う対象

「犯罪心理学」と聞くと、凶悪な事件が発生した際に「なぜあのような残忍な犯行を実行するに至ったのか」といった犯人の心理を研究したり、あるいは「プロファイリング」によって犯人の性格や居住地を推定したりする学問というイメージが強いかもしれません。

しかし、このようなイメージは現実の犯罪心理学とは少々異なっています。というのも、**犯罪心理学の扱う分野はもっと多岐にわたっており、必ずしも犯人の心理や犯人像を推定するだけの学問ではないからです。**

具体的には、人はなぜ犯罪者になるのかを研究する「犯罪原因論」や、心理学の知識を応用して犯人逮捕に役立てる研究を行う「捜査心理学」のほかに、裁判のプロセスに心理学の知識を応用する「裁判心理学」、罪を犯した人物や非行少年をいかに更生させていくかを研究する「矯正心理学」、犯罪者の行動の特徴を調査し、その知識に基づいて効果的な防犯対策を立案する「防犯心理学」なども犯罪心理学の扱う分野となります。

つまり、**犯罪心理学とは「犯罪という現象に関するさまざまな問題について心理学的な方法論を用いて研究し、そこで得られた法則を司法や行政に応用していく」学問**ということができます。

犯罪心理学の分野

犯罪心理学

犯罪原因論

犯罪の原因を明らかにしようという研究。犯罪原因論には以下のようなものがある。

■生物学的アプローチ

ホルモンや神経伝達物質、遺伝子、栄養分などと犯罪の関係を明らかにしようとする研究。

■心理学的アプローチ

生育歴における学習やパーソナリティ、マスメディアによる影響といったものと犯罪の関係を明らかにしようとする研究。

■社会学的アプローチ

友人関係や地域社会、文化や社会体制、経済状況などと犯罪の関係を明らかにしようとする研究。

捜査心理学

心理学の知識を応用して、犯人の発見や逮捕に役立てようという学問。犯罪者プロファイリングや地理的プロファイリング、効果的な取り調べ技術の研究、人質立てこもり事件における犯人との交渉や突入のタイミングの意思決定といった研究がある。

裁判心理学

裁判のプロセスにおける心理学的問題を取り扱う研究。裁判における証言の信頼性はどのくらいあるのか、陪審員や裁判員はどのように考えて判決を出しているのかといった研究のほか、犯人の責任能力を問う精神鑑定も裁判心理学の分野に含まれる。

矯正心理学

犯罪者や非行少年の資質を鑑別し、自分の犯した罪を反省させ、更生させる方法について研究・実践する学問。

防犯心理学

犯罪者の行動の特徴を調査し、その知識に基づいて効果的な防犯対策を立案する学問。犯罪の起きやすい環境条件、犯罪を防ぐための住居設計や都市計画、防犯教育といった研究を行う。

犯罪心理学は現場でどのように役立っている？

防犯、捜査、裁判、更生に使われる

犯罪心理学という学問は、私たちの生活の中でどのように役立っているのでしょうか。

第1には防犯です。**防犯のためには、都市や家を犯罪に強い設計にするという環境設計、あるいは自分の身を守りやすい空間を作るという取り組みなどが重要になります。**また、それを実行していく上でベースのひとつとなるのが、「割れ窓理論」です。これは、1枚の割れた窓があるとそこは誰も管理していないということがわかり、やがてその付近は無法化していくという考え方です。

第2に挙げられるのは、捜査です。**犯罪が起きて犯人を見つけるとき、プロファイリング（60ページ）などの手法を使ってどんな人物が犯行を行っているかを特定していきます。**

第3には、裁判です。現在は、日本でも裁判員制度が行われています。そこで裁判に関わる一般の人の選定やケアなどに、犯罪心理学は使われます。もちろん、裁判を公平に行うための、精神鑑定なども重要なことです。

最後は、犯罪を犯した人の更生の支援です。とくに犯罪を犯した少年への矯正などが中心ですが、それ以外にもカウンセリングや心理療法を使って犯人の立ち直りを支援します。

このように、現在の社会で犯罪心理学が扱う分野は幅広いものです。

犯罪心理学の主な使われ方

犯罪心理学は、さまざまな用途で使われている

防犯

■犯罪を予防する
- 環境設計
- 守りやすい空間
- 割れ窓理論

捜査

■犯罪捜査を支援する
- プロファイリング
- 交渉術
- ポリグラフ検査

裁判

■公平な裁判が行われるようにする
- 裁判員制度の支援
- 証言の信頼性鑑定
- 容疑者の精神鑑定

更生

■罪を犯した人を立ち直らせる支援
- 非行少年のアセスメント
- カウンセリング
- 地域支援

防犯の目的で活用される「割れ窓理論」

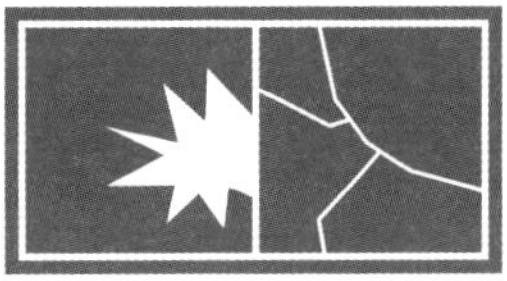

建物の窓が割れていると…

しっかりと管理されていないから、悪いことをしても大丈夫だろう

このようなことが重なり、地域の治安が悪化していく

窓をきれいに直すと、「そこはきちんと管理されているもの」との認識が広がり、犯罪が起きにくくなる。それがきっかけとなり、地域の治安が良くなっていく。

犯罪者は見た目でわかる？

外見だけで判断することはできない

犯罪を犯した人、これから犯す人を見た目で判断することはできるでしょうか。

結論から言えば、**現代の研究では、明確に判断することはできないとの考え方が一般的です。**

これについては、多くの研究者が取り組んできました。

体の特徴と犯罪の関係を最初に研究したのは、イタリア人医学者のロンブローゾです。彼は、刑務所に収監されている犯罪者と、犯罪者ではない人を比較し、その原因を突き止めようとしました。研究を重ねた結果、ロンブローゾは犯罪者の身体的特徴として、①小さな脳②厚い頭蓋骨③大きな顎④狭い額⑤大きな耳⑥異常な歯並び⑦鷲鼻⑧長い腕が見られるとしました。これらの特徴は、人間よりも動物に近いと結論づけたのです。

ロンブローゾの研究は、犯罪を人類学的に捉えた点で評価できるものです。ただし、現在から見ると彼の説には多くの問題点があります。

その後もさまざまな研究がなされ、**近年では連続犯罪者は目に特徴があるといった研究結果や顔の横幅の狭い男性は殺されやすいというような説も出ています。**しかし、いずれも、ある程度の統計を基にした仮説の域を出ず、犯罪者や被害者を見た目だけで判断できるという結論にまでは至っていないのです。

身体的特徴による犯罪研究

ロンブローゾの犯罪人類学的アプローチ

19世紀後半のイタリア人医学者ロンブローゾは、人類学的な見地から、犯罪の原因を突き止めようとした。

ロンブローゾが提唱した、犯罪者の身体的特徴

小さな脳	大きな耳
厚い頭蓋骨	異常な歯並び
大きな顎	鷲鼻
狭い額	長い腕

→

近年の研究による、犯罪と見た目に関する説

■連続殺人犯は目だけでわかる

連続殺人犯と、そうでない人の目の部分のみを見せ、信頼性や好ましさを評価してもらったところ、殺人犯は信頼できず、好まれないといった結果が得られた。

■顔の横幅の狭い男性は殺されやすい

アメリカのデータを用いて、暴力による殺人事件の被害者を調べたところ、顔の横幅の狭い男性の割合が多いという結果が出た。

しかし、現在のところ、外見だけでは犯罪者かどうかわからないという考えが一般的である。

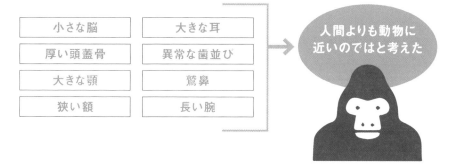

犯罪行為とテストステロンの関係

テストステロンと攻撃性

犯罪を犯す人の生物学的な特徴としては、ホルモンや神経伝達物質、染色体など、さまざまな対応物との関連についての調査も行われています。その中で、**犯罪との関連が大きいと考えられるのが男性ホルモンである「テストステロン」です。**

ジェイムズ・M・ダブスは、受刑者の唾液の中に含まれるテストステロンの濃度と、犯した犯罪が暴力的なものかどうか、さらに刑務所内での規則違反があるかどうかを調査しました。その結果、テストステロンの濃度が高いほど暴力的な犯罪を犯し、規則も破りがちであることがわかったのです。なお、このような傾向は、女性の受刑者にも見られました。

その後研究が進むにつれ、この関連性は絶対的なものではなく、その人の属している集団の中での相対的なものであるということがわかってきました。たとえば、チンパンジーなどによる実験では、社会的な地位が上がるとテストステロンの濃度が変化するという結果が出ています。人間も周囲の社会的条件によって、テストステロンの量が変化する可能性があります。

また、テストステロンの影響は、攻撃性だけではなく、勇敢さなどとも関連があります。たとえば、消防士の勇敢さとテストストロンの濃度には関連性があるという研究結果もあります。

ホルモンと犯罪の関係性

男性ホルモン「テストステロン」

テストステロンは、男性ホルモンで、男性の体にも女性の体にも存在する。この量が多いと、攻撃的になるのではと言われている。

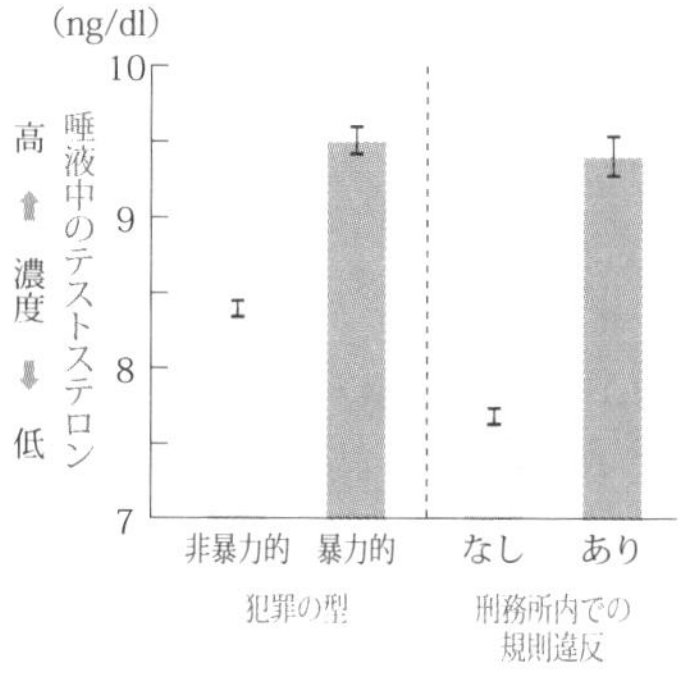

テストステロンと犯罪の関係（Dabbs & Dabbs,2000）

ダブスらは、受刑者113人の唾液に含まれるテストステロンの濃度を調査した。その結果、濃度の高い受刑者ほど、暴力的な犯罪を犯し、刑務所内の規則を破りがちだとの結果が出た。

→ テストステロンと犯罪には何らかの因果関係が考えられる。

テストステロンについての説

社会的な地位が上がると、テストステロンの濃度が変化する。

消防士の勇敢さとテストステロンの濃度に関連性がある。

→ 各種の説があるが、現在のところテストステロンの濃度と攻撃性などの関連性に一概に結論を出すことはできていない。

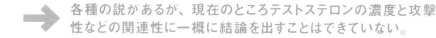

殺人犯の脳は他の人と違う？

殺人と関連する前頭前皮質

近年、脳機能と犯罪の関係についての研究が注目されています。これは、脳の作りや障害によって、暴力的になるなどの影響が見られないかを調べたものです。

レインは、41人の殺人犯と同数の非犯罪者に対して、脳にどのような違いがあるかの実験を行いました。これは、見ている画面に○印が現れると反応ボタンを押すという単純なもので、これを32分間行い、その間の脳の活動を調査したのです。その結果、**殺人犯は脳の前頭前皮質と言われる部位の働きが弱いことがわかりました。**

前頭前皮質は、脳の前側にある部位で、事前に計画を立て、行動を調整し、衝動を抑制。さらには集中力を維持する機能のある部分です。この部位が十分に働かないことによって、**怒りがコントロールできなくなり、衝動的な暴力、ひいては殺人に発展していくメカニズムがあるのではないかと考えられます。**

この前頭前皮質の障害については、事故でこの部位を損傷した人が、その後、攻撃的で衝動的な性格に変わってしまったという事例も見られます。

なお、冷静沈着で計画的に犯罪を遂行する連続殺人犯の中には、前頭前皮質に損傷や異常が見られないケースもあります。

脳と犯罪の関係性

レインの実験

犯罪学者のレインは、41人の殺人犯と、同数の一般人に対し、脳の働きについての実験を行った。

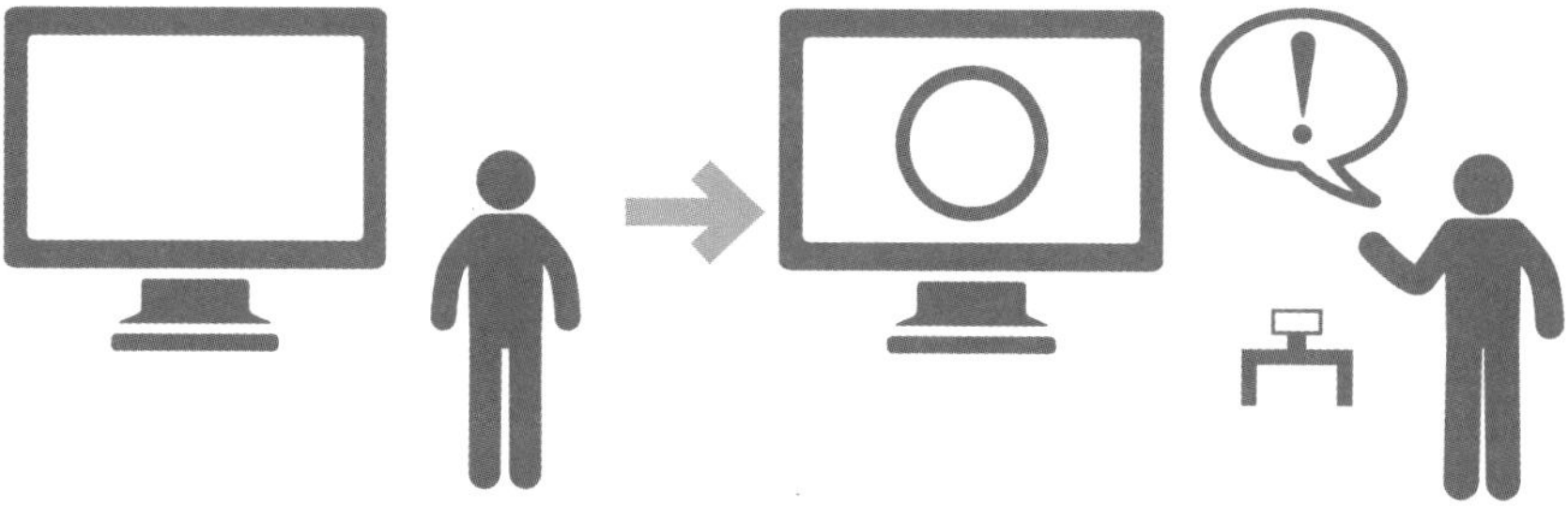

モニターの前に待機し、画面に○印が現れると、反応ボタンを押す。これを32分間行う。その間、装置を用いて、脳の状態を調査する。

《結果》
殺人犯は、そうでない人に比べて、脳の前頭前皮質という部位の働きが弱いことがわかった。

前頭前皮質

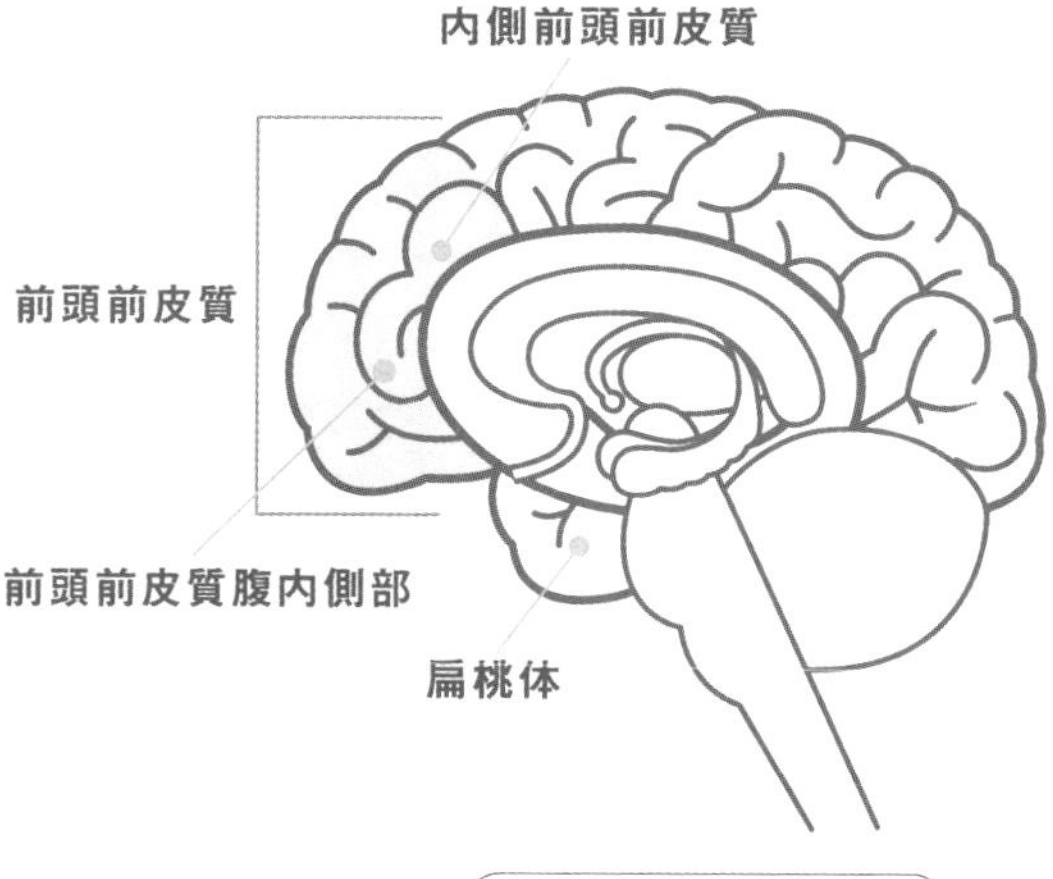

右大脳半球の内側面

前頭前皮質は、事前に計画を立て、行動を調整し、衝動を抑制し、集中力を維持する機能を持つ。
ここの障害によって、衝動的になり、犯罪を犯しやすくなると考えられる。

犯罪を犯しやすい性格というものがある!?

犯罪につながる性格特性

犯罪を心理学的に考えていくと、そこには、犯罪を犯しやすい性格特性というものが見えてきます。ここでは、その中のいくつかを解説していきましょう。

まず挙げられるのは「敵意帰属バイアス」です。これは、**外から何か刺激があった場合にそれを自分に対する挑発や攻撃と捉えやすい認知的傾向です。**

次が「敵意的反芻傾向」です。一般的に、喚起された怒りは、時間とともに収まっていきます。しかし、このタイプの人は**怒りが湧いた状況を何度も繰り返して考えてしまうことによって、その怒りを持続させてしまうのです。**

3つ目に挙げられるのは「セルフコントロールの欠如」です。言葉の通り、自分自身の欲望や感情を抑えることができず、**場当たり的な満足を求めてしまう傾向です。**

最後に「生涯持続型反社会性」です。青年期のみに非行に走る人は多くいますが、このタイプの人は、**一生涯にわたって犯罪を繰り返す**のです。このような人には原因となる遺伝子と、その影響によって生じた何らかの神経学的な異常があるのではないかと考えられています。

さらに、自分を愛し特別だと思う「自己愛傾向（ナルシシズム傾向）」の人も、攻撃性が強くなるとされています。

犯罪を犯しやすい性格とは

犯罪と関係が深いとされるおもな性格特性

敵意帰属バイアス

外からの刺激（言葉・行動など）を自分に対する挑発や攻撃と捉えやすい認知的傾向。

敵意的反芻傾向

一度怒りを引き起こすと、そのきっかけとなった出来事を、頭の中で何回も繰り返してしまう傾向。

セルフコントロールの欠如

自分の欲望や感情を抑えることができず、他人を思いやったり共感したりすることができないという特性。

生涯持続型反社会性

青年期にとどまらず、生涯にわたって持続的に反社会的行為を繰り返す特性。

攻撃性を促進させる可能性が考えられる「自己愛（ナルシシズム）傾向」

自分は特別な人間だ

まわりからも特別に扱われるべきだ

他人は自分に比べて無能だ

まわりの人は自分を不当に評価している

自己愛（ナルシシズム）傾向とは、自分を愛し、特別な人間だと思う傾向。従来は、暴力や犯罪を抑制するものだと考えられていた。近年では、逆に、攻撃性を促進する可能性があると考えられている。

Chapter 7

「サイコパス」は犯罪者になりやすい？

サイコパス傾向と犯罪

近年よく聞かれる言葉に、「サイコパス」があります。サイコパス傾向も、犯罪を犯しやすいとされる性格特性のひとつです。

サイコパス傾向は、**極度の自己中心性と衝動性を持った人格障害の一種です。**ただし、精神病的な症状は見られません。特徴としては、無責任、浅はかな感情、共感性の欠如、罪悪感の欠如、不正直で不誠実などが挙げられます。

彼らが犯罪を犯してしまう背景には、他人のことを顧みることなく自分の欲求を実現しようとする、自分勝手な考え方があります。また、非情で他人を自分の道具のように扱うという特徴も見られます。

一般的には非道徳的な性格ですが、自信を持った行動や饒舌な態度から、表面的には魅力的に見えることもあります。

サイコパス傾向の人は、殺人を犯すこともありますが、その犯行にも特徴があります。彼らは、怒りなどによる衝動的な犯罪は少なく、殺人を手段として用いて何かを行う、道具的な犯罪が多いのです。

サイコパス傾向は、悪の人格のように思われますが、**つねに冷静でリスキーな行動をいとわないことから、勇敢な消防士やイノベーター、救急救命医などとして活躍している人も少なくありません。**

サイコパスの人の特徴

サイコパスとは

極度の自己中心性と衝動性を持つ、一種の人格障害。生得的な性格特性で、生涯持続する。神経系の問題によるものとされている。

- 共感性・罪悪感が欠如している。
- 無責任で、感情が浅はか。
- 不誠実で不正直。
- 自信を持った行動や、饒舌な態度から、表面的には魅力的に見えることもある。
- 自分の欲求を実現するため、他人のことを顧みない。
- 他人を自分の道具のように扱い、非情。

↓

これらの特性に起因して、重大な犯罪を引き起こすことがある

サイコパスによる殺人事件の特徴

- 怒りなどの衝動的な犯罪は少ない。
- 殺人を手段として用いる。
- 殺人自体が目的ではなく、道具として殺人を犯す。

一方で、サイコパスの特徴を活かし、勇敢な消防士、イノベーター、救急救命医などとして活躍している人もいる。

Chapter 8

社会のしくみが犯罪を生んでいる？

犯罪を社会的要因から見るアノミー理論

これまで、生物学的なアプローチや心理学的アプローチから犯罪の原因を見てきましたが、**人を取り巻く社会に犯罪の原因があるのではないかという研究もあります**。その代表的なものが、デュルケームやマートンによって形作られた、アノミー理論です。

　アノミー理論では、**社会の成員が共通して持っている目標（文化的目標）を受容するか拒絶するか**をまず考えます。文化的目標とは、アメリカでは富や名声などがそれに当たりますし、日本では学歴などが該当するでしょう。

　一方、それに対して法律や教育、勤勉に働くことなど、制度化された手段を受容するか拒絶するかを見ていきます。**このふたつの軸の組み合わせでその人のスタンスがわかるのです。**

　マートンは、このような状態を文化的目標と制度化された手段の緊張状態として捉えました。

　この状態において、文化的目標を受容して制度化された手段を拒絶した場合、非合法な手段を使ってでも、富や名声を得るということなので、犯罪につながっていきます。また、文化的目標を拒絶し、制度化された手段を拒絶する場合は、非合法であってもその場の快楽を追求するするという態度なので、薬物乱用などの犯罪につながっていくのです。

アノミー理論に見る犯罪の要因

犯罪の要因の捉え方

内面的な要因

性格や脳機能など、人間の内面的なものに要因があるとする考え方。

環境的な要因

社会のしくみや置かれた環境など、外部のものに要因があるとする考え方。

↓

アノミー理論など

アノミー理論で考える社会のしくみ

アノミーとは、無規範、無統制な状態のこと。社会の中での、文化的目標と、制度化された手段の関係で、犯罪につながる人たちが出てくる。

マートンのアノミー理論の枠組み

制度化された手段（教育・法律など）

文化的目標（お金・学歴など）	受容	拒絶
受容	同調	革新
拒絶	儀礼主義	逃避

革新 ← **非合法な手段を使ってでも目標を達成する。**

逃避 ← **非合法でも、一時的な快楽を追求する。**

革新・逃避 ↓ **ここに属する人が犯罪を犯しやすい**

文化的目標と、制度化された手段が成り立っている状況を、緊張状態と言う。また、これらの枠組みのほかに、新しい目標を持ち、新しい手段を考える人（「反抗」）もいる。

「家庭環境に問題がある＝非行に走りやすい」はウソ!?

家庭より友人関係の影響が大きい

少年の非行が取り上げられると、その家庭環境に目が向けられることが多くあります。たとえば、両親から暴力を受けて育つと、子どもは問題解決の手段として、相手を攻撃するのが一般的だと考えてしまうようになりがちです。

ただし、実証的な研究によると、非行の原因としての家庭環境は、一般に考えられているほど大きくはなく、**むしろ友人関係の方が大きいという見解が多くなっています。**

もちろん、家庭に問題があるため、子どもが家に居着かず、それが不良交友関係を形成するための原因になるということはあります。また、親子の関係が希薄だと、子どもがどこで誰と遊んでいるかわからず、非行グループと接触していることに気づきにくいこともあるでしょう。ただ、それはいずれも直接的な原因ではないため、**家庭環境に問題があることで非行に走るというのは、短絡的な考えと言えるのです。**

非行の原因としては、友人関係の影響のほか、本人のパーソナリティの問題も大きいものです。**欲望や感情を抑えられない、欲求不満耐性が弱いといったセルフコントロール（18ページ）がとれないタイプが非行に走りやすいとされています。**もちろん、実際に犯罪を犯したあと、少年を更生させるプロセスでは、家庭の存在が重要であることは間違いありません。

非行と家庭環境の因果関係

非行に影響を与えるもの

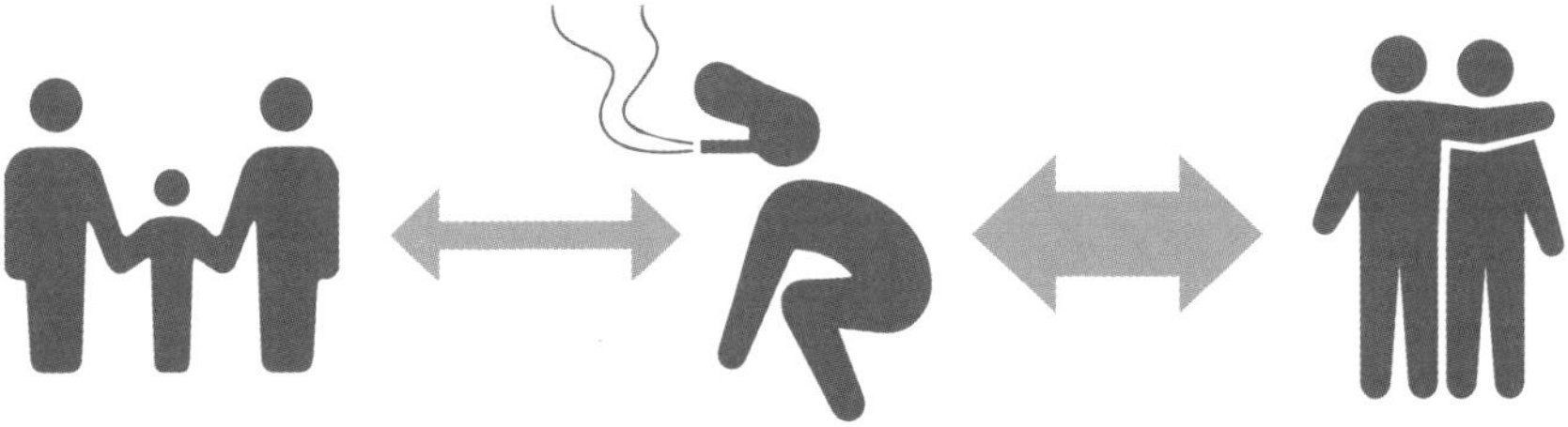

非行の原因として直接関係するものとしては、家族関係よりも、友人関係の方がより影響が大きい。

家庭環境と非行

両親の不仲などにより、家庭に居づらくなり、非行グループとの接触が多くなるなど、直接的な原因ではなく、非行に走るケースはある。

家庭の環境にかかわらず、セルフコントロールの欠如や、自尊心の極端な高さや低さなど、非行に走る要因は、本人のパーソナリティによるものが大きいとも言われている。

Chapter 10

不良グループに入ってしまうのはなぜ？

不良になる人とならない人

友人の影響で非行に走る人の事例は、サザランドによって提案された「分化的接触理論」である程度は説明できます。

私たちの行動のベースとなる価値観は、身近な他者からの学習によって作られます。そのため、学ぶ相手が法律を軽視し、反社会行動をとることがあると同じような行動をとるようになるのです。そして、**同じような価値観の人といると安心感が生まれる**ため、不良グループに入ることになります。

ただし、この理論では不良とつき合っていても、非行少年にならない人がいるのはなぜかという疑問が生まれます。

その理由のひとつとされているのが「分化的同一化理論」です。グレイザーによると、直接接触することはなくても、**テレビや映画で見た有名人などを理想とすれば行動の学習が可能**だというのです。たとえば、ギャング映画を見て主人公に憧れれば、悪い人間になっていきます。しかし、活躍をしているスポーツ選手などに憧れれば、その人を目標として同一化しようとするのです。さらに、自分自身が善悪の区別に厳格であるというようなポジティブな自己概念を持っていれば、**まわりに不良の友人たちがいても、不良グループには入りません。これを「非行絶縁体理論」と言います。**

分化的接触理論の概要と問題点

分化的接触理論

友人が不良グループに入る

親しくしていると、悪いことなどを学習する。

同じグループに所属することで、安心感が得られる。

不良グループと親交があっても、非行に走らない人がいるのはなぜかという問題が残る。

分化的同一化理論

サッカー選手、
かっこいい！

身近にいる人でなくとも、テレビなどで見て憧れ、目標とすることで、周囲の不良グループに影響されない可能性がある。

非行絶縁体理論

良好な家族関係があることや、学校が好きであるという気持ちなどから、ポジティブな自己概念を持つようになる。そうなることによって、非行とは距離を置くような行動をとる。

これらの理論に当てはまる、さまざまな要因によって、不良グループに入るか入らないかが決まってくる。

「非行少年」というレッテルが非行を悪化させる？

非行につながるラベリング理論

人は誰かに対し、レッテルを貼って見てしまいがちです。そして、**そのレッテルによって見られた人の内面も変わっていくのです。**このような事象に関し、おもに非行少年についてベッカーが提唱したのが「ラベリング理論」です。

ある少年がたまたまある犯罪を犯したとします。それは、ただ一度きりのことであって、そのままであれば彼はまっとうな大人になったかもしれません。しかし、彼が検挙され、少年鑑別所に入ったとしましょう。それが知れわたると、彼は**「鑑別所にも行った不良」というラベリングをされてしまいます。**そして、まわりからそう見られ続けることになり、**彼はいつまでも罪を犯し続けるようになるのです。**

このラベリングは、司法機関や社会などが行うものです。犯罪を取り締まり、更生の施設に行かせるということ自体が本人にラベリングをし、非行を増長させるという矛盾をはらんでしまっているのです。この対策として、アメリカでは、犯罪化を減らす、できるだけ少年院に入れないようにするなどの対策がとられたことがあります。しかし、犯罪の減少にはあまり寄与しませんでした。**結果的には、ひとつの理論だけですべての現象を見るのではなく、さまざまな事情を考慮した上で、対策することが重要となるのです。**

ラベリング理論と非行の関係

ラベリング理論

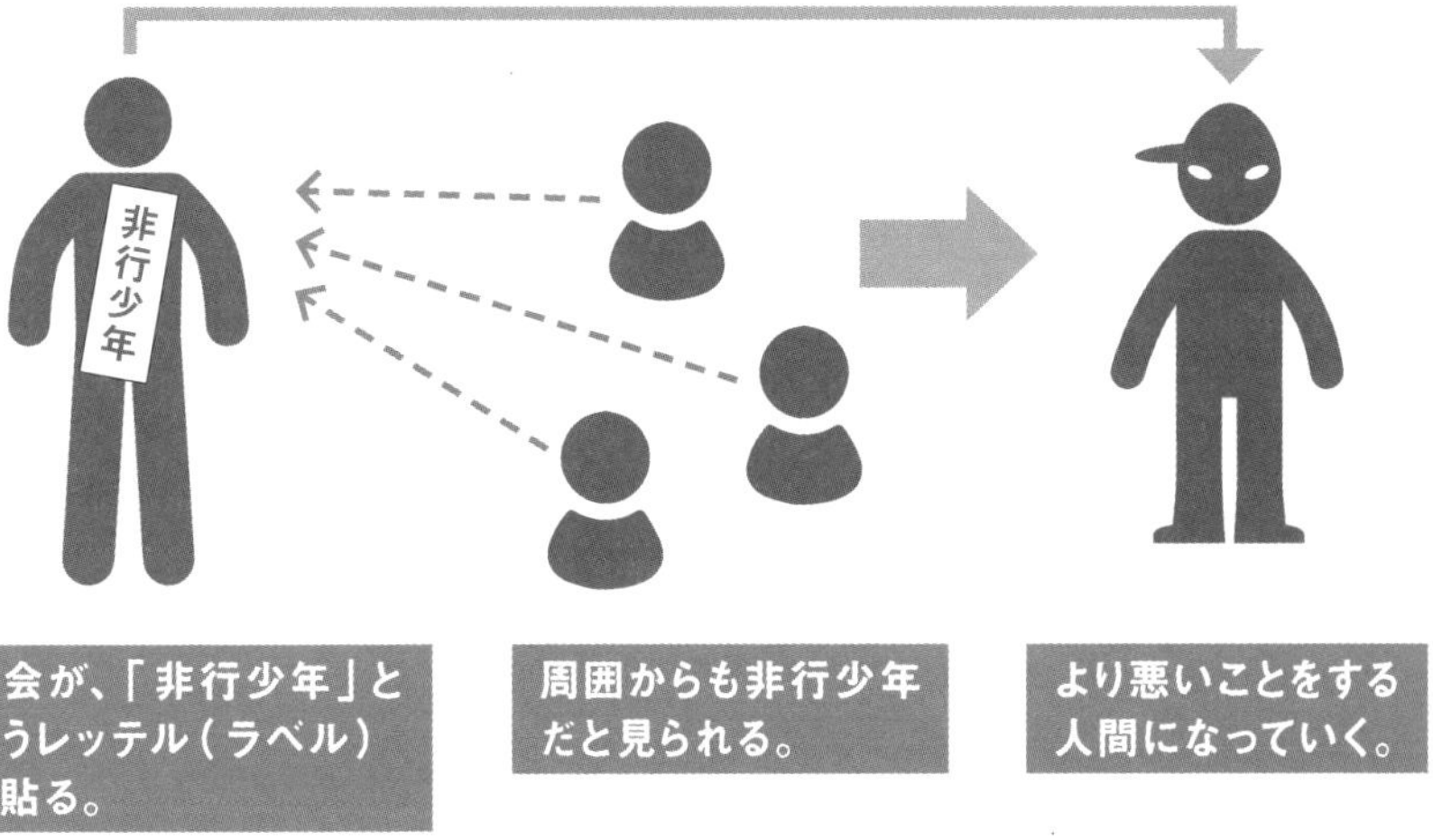
社会が、「非行少年」というレッテル（ラベル）を貼る。
周囲からも非行少年だと見られる。
より悪いことをする人間になっていく。

人は、周囲の人からどう見られるかによって、行動も大きく変化していく。

ラベルを貼っているのは誰か

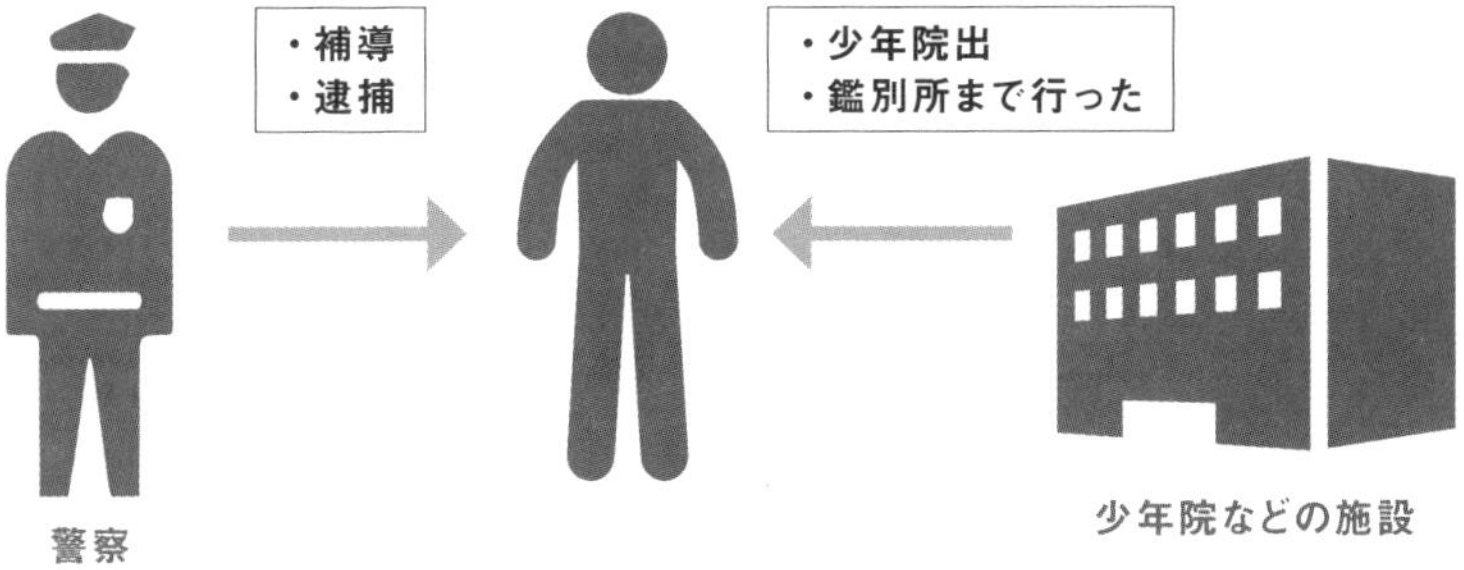

非行や犯罪を無くすための社会のシステムが、逆にラベリングを行い、更生を妨げている可能性もある。

ゲームやアニメの影響で暴力的になるって本当？

考えられるふたつの効果

サスペンスものやアクションものなど、暴力的なシーンが多く含まれる映画やアニメは人気があります。そのような映像は、見る人の心理にどのような影響を及ぼすのでしょうか。

それには、ふたつの説が考えられています。ひとつは「観察学習説」です。これは、**暴力的な映像を見るとその行動を学習してしまい、同じような行動の動機づけになるというものです。**

そしてもうひとつは「カタルシス説」です。こちらは、観察学習説とは逆に**暴力的な映像を見ることによって、気持ちが晴れ、暴力行為は抑制されるという考えです。**

多くの実験が行われてきましたが、現在のところ、カタルシス説を支持する結果は極めて少なく、観察学習説が多く支持されています。

暴力映像に関して、近年とくに問題となっているのが、暴力ゲームの影響です。暴力ゲームは、自らが主人公となって、敵やゾンビなどを倒していきます。この際、プレーヤーが自発的な行動をとり変化が現れるとその行動が増加していくという「オペラント条件づけ」が起こり、観察学習効果がより強く出てしまうというのです。

ただし、だからといって暴力映像や暴力ゲームを規制すればよいということにはなりません。歴史的にそれが広く受け入れられてきた以上、なんらかの有益な役割もあるはずだからです。

暴力メディアと犯罪の関係

暴力映像に関するふたつの説

暴力的な映像を見た場合

観察学習説

暴力的な映像を見ると、その行動を学習し、暴力行動が促進される。

カタルシス説

暴力的な映像を見ると、気持ちがスカッとし、暴力行動が抑制される。

→ 現代の研究では、観察学習説が支持されている。

暴力ゲームの影響

暴力映像と暴力ゲームの違い

一般的な暴力映像は、あくまでも受動的に見ているにすぎない。一方、格闘ゲームなどの暴力ゲームは、プレーヤーが主体的に行動を行い、敵を倒すといったシステムになっている。

↓

自発的な行動の結果、生じる環境の変化によって、その自発的な行動が増加する、「オペラント条件づけ」が働き、より強力な攻撃促進効果があるとされている。

Chapter 13

少年犯罪は昔より凶悪化しているというのは本当か？

少年による殺人件数は増えていない

近年、テレビのニュースやワイドショーでは、**少年犯罪の凶悪化、低年齢化を嘆く内容が多く報道されています。**

大きなきっかけとなったのは、1997年に起こった神戸連続児童殺傷事件です。この事件は、遺体の一部が学校の校門の前に置かれていたり、犯行声明文が出されたりするなど、大きな話題となりました。そして捕まった犯人が少年であったことから、社会に大きな衝撃を与えたのです。この事件をきっかけのひとつとして、国民の声が高まり、2000年には少年法自体が厳罰化する方向で改正されました。

しかし実際のところ、少年による犯罪は凶悪化、低年齢化が進んでいるのでしょうか。これについては、多くの議論がされています。

数値だけを見ると、**少年による強盗、殺人といった犯罪の数値は、1960年代頃と比べて減っています。**1997年頃には強盗の件数が増加していますが、これは窃盗の際に被害者に怪我をさせたケースなどであり、凶悪化の証拠にはならないとされています。殺人事件にしても、少年による残虐な事件ということで**メディアが大きく取り上げたため、強く印象に残っているにすぎず、**過去にはもっと残虐な事件も起きています。そのため、一概に凶悪化、低年齢化が進んでいるとは言えないのです。

過去と近年の少年犯罪の比較

近年見られる少年犯罪についてのマスコミの報道

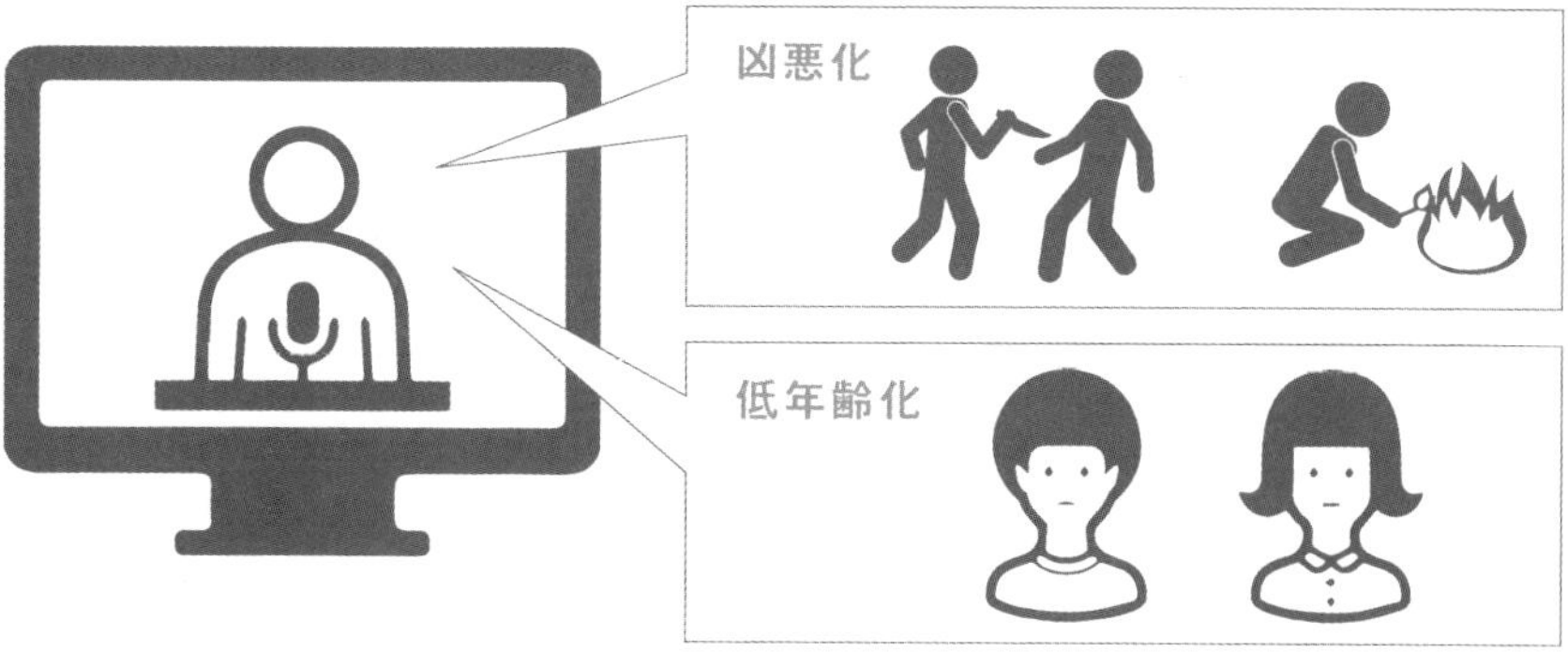

1997（平成9）年頃から、少年犯罪の凶悪化、低年齢化が多く報道されるようになった。

少年による犯罪事件の推移

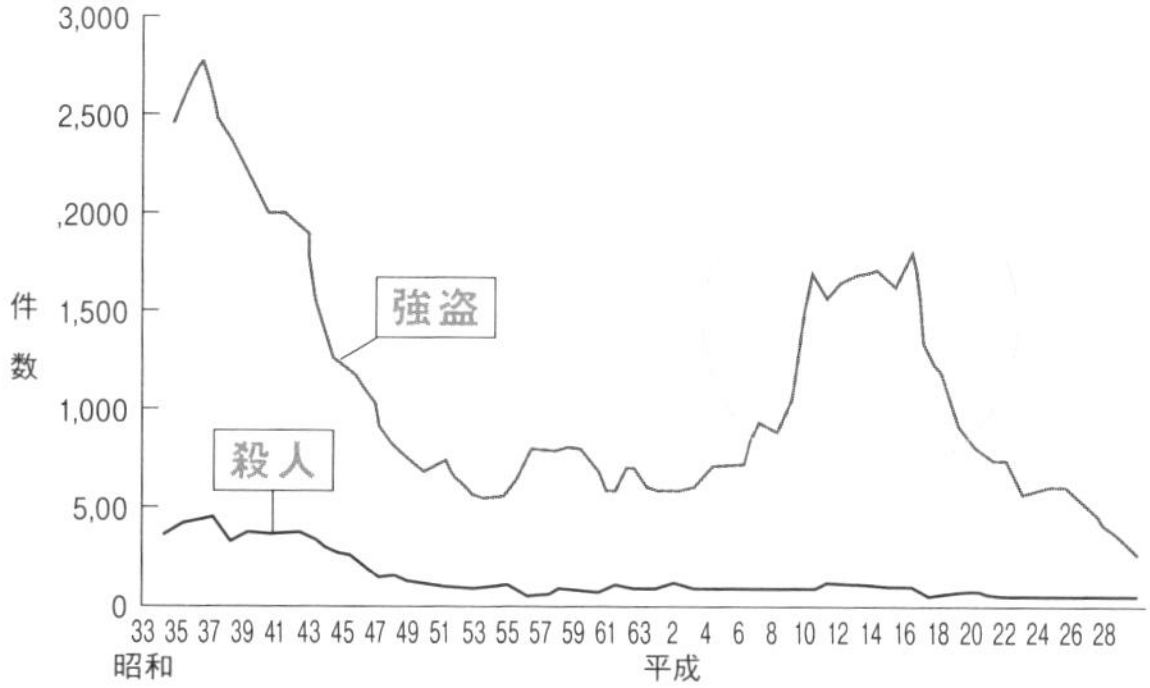

平成9年以降、強盗事件は増えているが、窃盗の際に怪我を負わせたというものも多く、必ずしも凶悪化の証拠にはならない。

少年による強盗事件と殺人事件の件数の推移（令和元年版「犯罪白書」を基に作成）

残虐な事件が報道されるようになり、凶悪化のイメージが膨らんだが、歴史的に見れば、そのような事件は過去にも起きている。そのため、一概に少年犯罪が凶悪化しているとは言えない。

中絶の自由化で犯罪が激減？

相関関係は認められるも議論の対象に

妊娠中絶はアメリカを始め、多くの国でその是非について議論がされています。そんな中で、ある仮説が論争となっています。

きっかけは、１９９０年代でした。**アメリカでなんの前触れもなく、犯罪件数が減少していきました。**論者たちは、その原因についてさまざまな説を出します。たとえば、警察官が増員されたこと、高齢者人口の増加、厳罰化、銃規制などです。しかし、どれも決め手とはなりませんでした。

そんな中、経済学者のレビットとドブナーがある仮説を出しました。それによれば、１９６０年代後半から１９７０年代に行われた**「妊娠中絶の自由化」により、望まれずに生まれる子どもたちが減ったことが要因だというのです。**

それまでのアメリカでは、中絶は事実上禁止されていました。そのため、生活力のない若い親から生まれ、十分な愛情と養育を受けられずに育った子どもが多かったため、彼らの中から非行や犯罪に走る人が出ていたと言うのです。

中絶が自由化されてからは、望まれない子どもたちは中絶されるので減り、結果として犯罪が減ったというのがその仮説です。

この仮説には、感情的な反発も多くあります。今後もより深い調査と議論が必要となっていくことでしょう。

アメリカの犯罪減少に関する仮説

1990年代から、犯罪が突然大幅に減少した

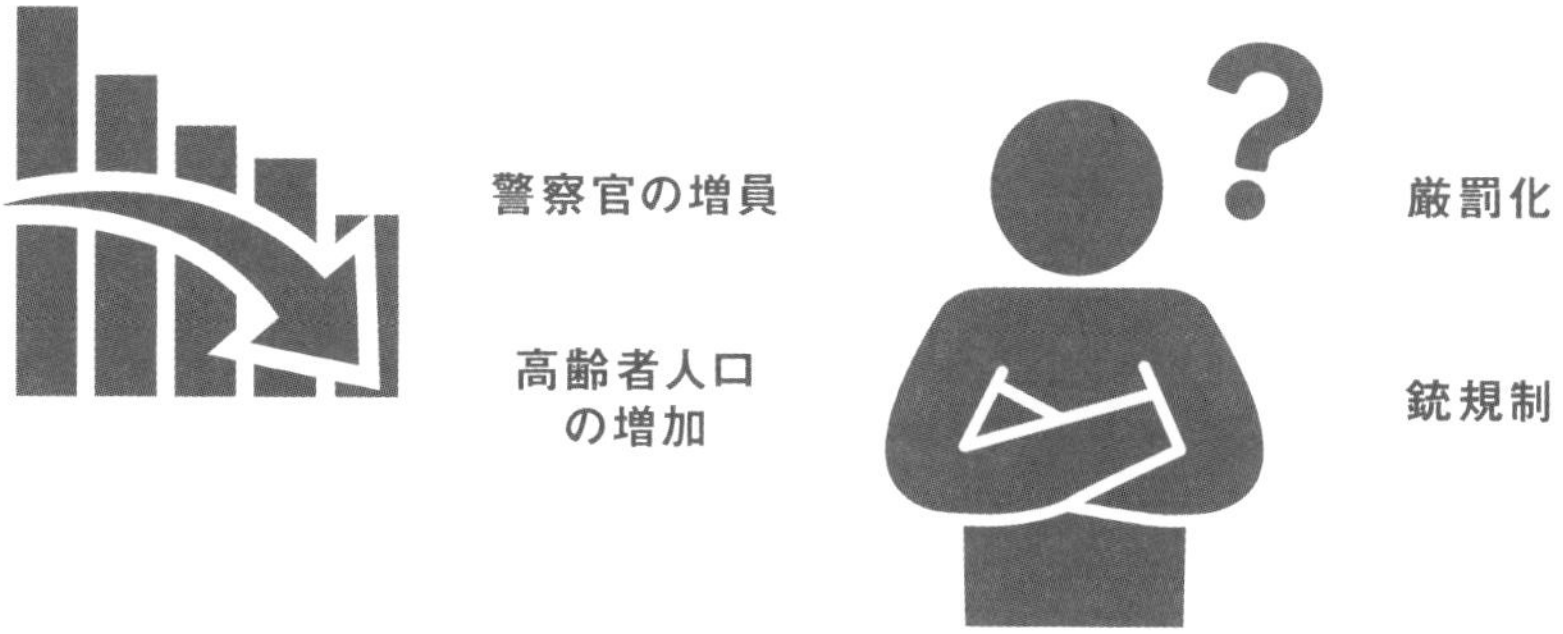

➡ さまざまな原因が考えられる中、ある仮説が唱えられた。

妊娠中絶の自由化との関連

かつてアメリカでは妊娠中絶が、事実上禁止されていた。

⬇

1960年代後半～1970年代、アメリカでは妊娠中絶の自由化が広がった。

⬇

親に望まれずに生まれた子どもが減少した。

これが犯罪減少の原因ではないか。

アメリカでは、中絶率と犯罪減少率が高い相関を示しているなど、この説を支持する根拠も出てきている。現在でも、有力な仮説として論争の対象となっている。

犯罪を〝しない〟要因は何かという考え方

4つの「絆」が犯罪を抑制する

これまで、人はなぜ犯罪を犯すのか、という観点で考えてきましたが、それとは逆に、「人はなぜ犯罪を犯さないのか」を考えたのがハーシです。

彼はその要因が4つの絆にあると考えました。これを**「社会的絆理論」と言います。**

最初の絆は**「愛着」**です。これは、家族や学校、友人に対する**愛着が犯罪を抑制する**というもので、研究では学校が好きな人ほど非行に走らないという結果も出ています。

ふたつ目は**「投資」**です。今の生活を手にする過程で勉強や時間など、多くの投資をしています。もし**犯罪を犯してしまえば、それらが無駄になってしまうという考え方**です。

3つ目は**「巻き込み」**です。これは簡単に言えば「暇」です。スポーツでも勉強でも、忙しくしている人は**悪いことをしている暇はありません。**大人であれば仕事の忙しさでしょう。無職の人が犯罪を犯すことが多いのも暇な時間があってのことだと考えられます。

最後は**「規範」**です。私たちが生活している社会には、法律やルールなどがあり、それによって安全で秩序のある生活が確保されています。**自分もその中の一員であり、それを尊重し、守るべきという意識が犯罪の抑止につながっているのです。**

社会的絆理論

人が犯罪を行わないのは、4つの絆によって抑制されているから

1. 愛着

両親や学校、友人たちへの愛着。

2. 投資

犯罪を行えば、今までの投資が無駄になるという考え。

3. 巻き込み

スポーツ、勉強、仕事などが忙しく、犯罪を行っている暇のなさ。

4. 規範

社会のルールや法律を守ろうという気持ち。

学校への愛着と非行の関係

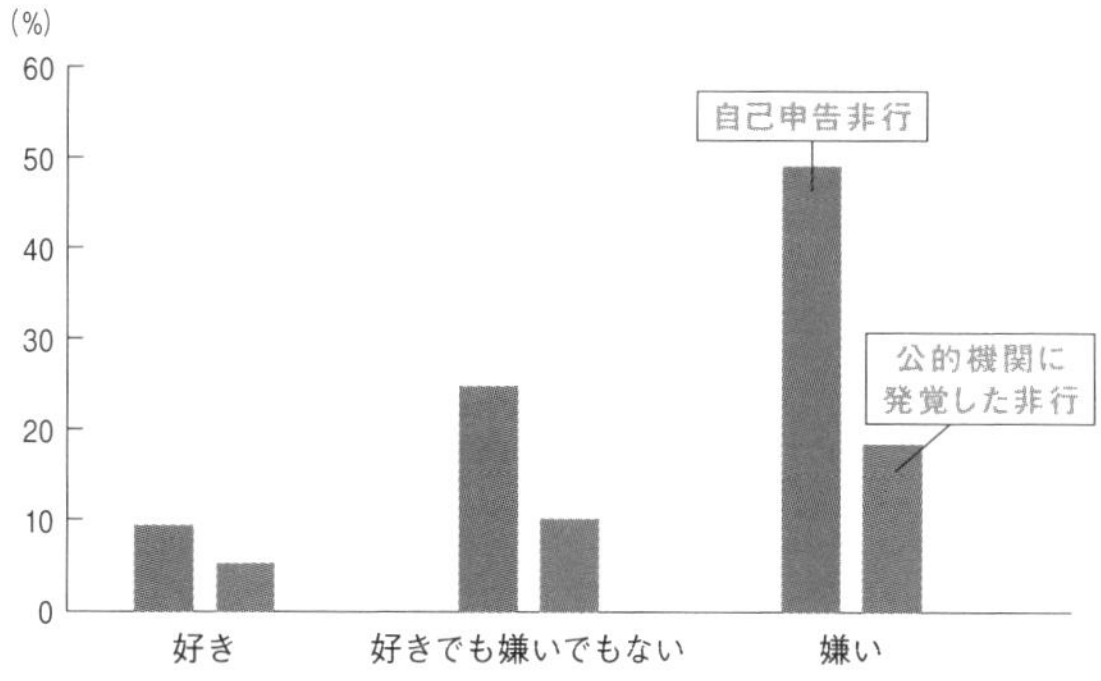

学校が好きかという質問への回答と非行件数の割合
(Hirschi,1969)

この調査の結果から、学校が好きな少年は非行が少なく、嫌いという少年は非行が多いことがわかる。

犯罪を犯しやすい状況にいると犯罪を犯してしまう？

環境が犯罪を生み出す？

「犯罪機会論」とは、犯罪者自身ではなく、環境や状況を変えることによって犯罪を未然に防止しようという考え方のことです。

たとえば、なんらかの犯罪の意図を持った人物がいたとして、近くを警察官が巡回していたり、防犯カメラが設置してあったりといった、犯罪を実行するための障害となる要因があると、犯行をためらわせることができます。逆に言えば、そうした障害がない場所は、犯罪の起こりやすい危険なスポットといえるわけで、そうした場所を特定し、犯罪を実行しにくい環境へと作り変えることで、結果的に犯罪を減らそうというのが「犯罪機会論」の手法です。

従来の犯罪心理学では、犯罪の原因を犯罪者自身の性格や生育歴などに求め、それを改善することで犯罪を抑制しようという「犯罪原因論」（8ページ）が主流でした。しかし、性格や嗜好を矯正するのはそう簡単なことではありませんし、そうした人物を生み出してしまった社会背景まで含めて変えるとなると、それだけ時間もコストもかかります。

その点、**「犯罪機会論」では、局地的な環境や状況に着目し、物理的にそれらを変えることで犯罪の抑止効果が期待できます。**つまり、防犯という点では非常に効率のよい手法ということができるでしょう。

「犯罪機会論」から考える防犯

犯罪機会論の考え方

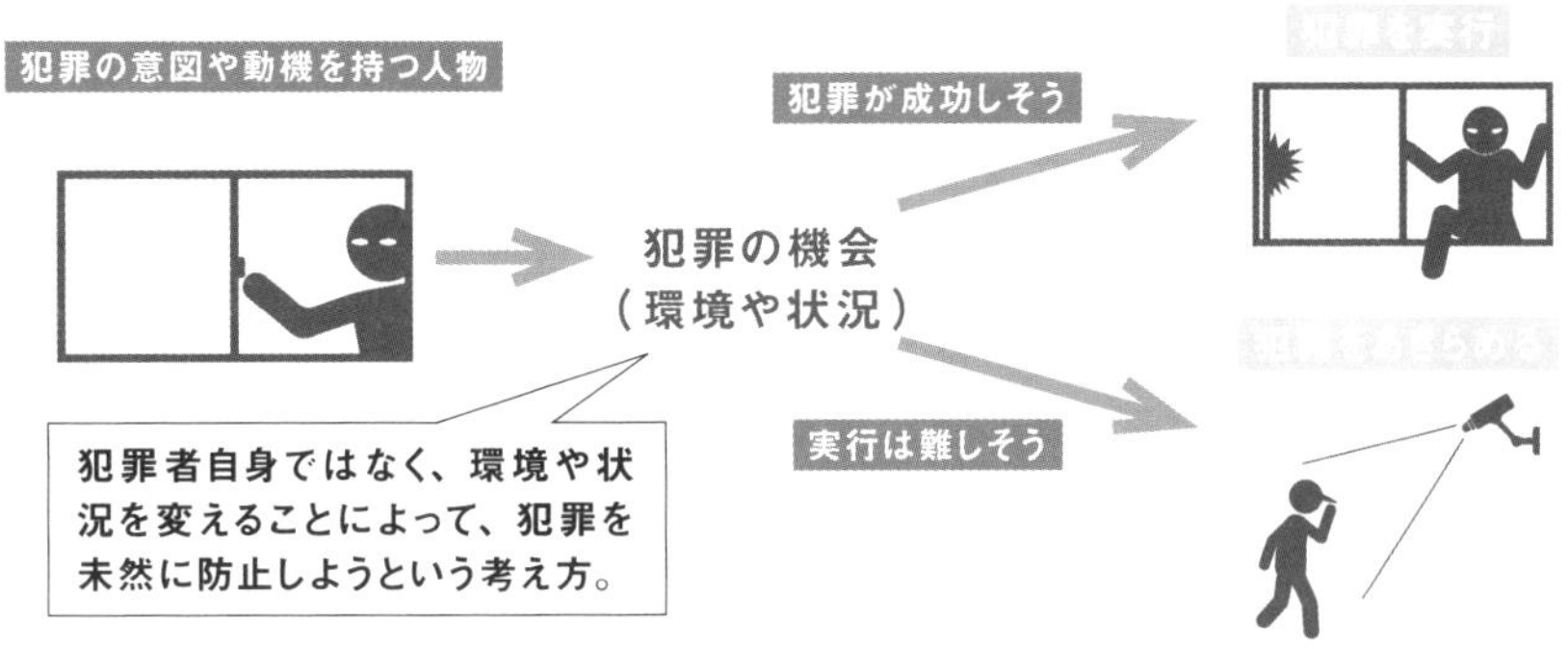

犯罪が起こりやすいのは「入りやすく、見えにくい場所」

入りやすい場所

どこからでも入れて、
どこからでも逃げることができる。

見えにくい場所

犯行が目撃されにくく、
発見や通報されるリスクが低い。

たとえばこんな場所

裏通りや入り組んだ道　使われていない家や建物
トンネル　公衆トイレ
警備員のいない駐車場や駐輪場
繁華街やショッピングモール、遊園地など人の注意や関心が分散される場所

犯罪に強い3要素

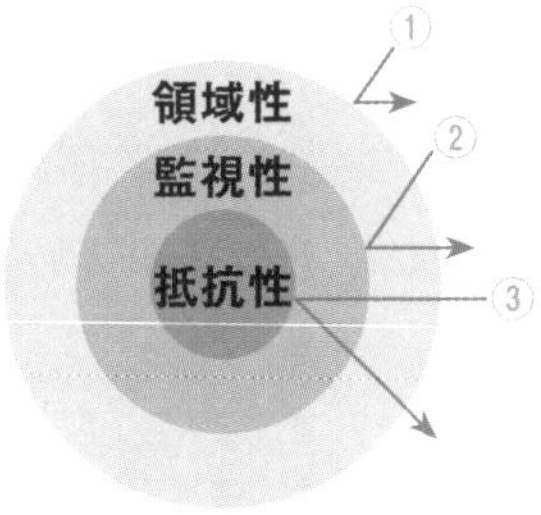

①領域性　犯罪者の力が及ばない範囲を明確にする

「領域性」によって犯罪者は標的に接近できない。

②監視性　犯罪者の行動を把握できる

仮に対象区域に入ったとしても、「監視性」によって犯罪者は犯行を思いとどまる。

③抵抗性　犯罪者から加わる力を押し返そうとすること

あえて犯行に及んだ場合でも、「抵抗性」によって犯罪者は目的を達することができない。

Chapter 17

犯罪を減らすための社会的なしくみ

防犯対策とその問題点

犯罪を減らしていくためには、社会的な制度やしくみを変えていく必要があります。

具体的な例として最初に挙げられるのは「法的な規制」です。一番有名なのはアメリカでの銃規制でしょう。銃の保持については、犯罪の抑止につながるという意見もあるため、今後も議論が続くと思われます。

次に大切なのは「防犯教育」です。とくに子どもを対象とした犯罪に対しては、この効果が大きいと考えられています。

そして、近年注目を浴びている手法が「地域安全マップ」の作成です。これは、**人ではなく場所に注目して、犯罪の起こりやすい地域を特定し、**それを共有するものです。現在多くの小中学校で取り入れられ効果を上げています。

最後は「防犯カメラの設置」です。現在、街頭には数多くの防犯カメラが設置されています。効果については限定的なものになりますが、**犯罪抑止という観点では有効です。**

以上のように、さまざまな取り組みがなされていますが、子どもの防犯教育に対しては問題点も出ています。それは、人に対する不信感や警戒感を必要以上に感じてしまうということです。人との関係も構築しながら、犯罪を防ぐという、バランスのよい防犯教育が大切になっています。

どうすれば犯罪を減らすことができるか

社会を犯罪から守るための施策

法的な規制

法律による銃の保持の規制、性犯罪者の電子監視など。

防犯教育

犯罪に遭わないようにするための教育。

地域安全マップ

犯罪が起きやすい場所を地図で示す。

防犯カメラ

防犯カメラによる街頭などの監視。

防犯教育の問題点

子どもたちは必要以上に、大人に対する不信感、警戒感を抱くが、多くの大人は、子どもに危害を加えようとは思っていない。

子どもに対する犯罪を防ぐのは、最終的には、まわりの大人たちとの人間関係と信頼。それを失うような、誤った教育には注意が必要。

犯人検挙に効果絶大な「似顔絵」

事件を解決するため、目撃者の証言によって犯人の似顔絵を作成する。誰でも刑事ドラマなどで一度は見たことのあるシーンではないでしょうか。この似顔絵、現在の捜査においても、多く使われています。

犯人の顔を再現するのに使われる方法にはモンタージュ写真もあります。これは、さまざまな人物の顔のパーツを組み合わせて、人物の顔を作り上げていく方法です。

一見、似顔絵よりも精度の高い画像が作れそうですが、実はそうではないことがわかっています。その理由はいくつか考えられますが、大きいとされているのは、顔を再現する途中で候補となるいろいろな人のリアルな顔のイメージを見てしまうことです。このような状況になると、本来の顔の記憶をゆがめてしまったり、かえって忘れさせてしまったりすることがあるのです。

事実、1968年に東京府中市で発生した3億円強奪事件では、公開された犯人のモンタージュ写真によって見る人に先入観を持たせてしまい、かえって捜査を妨害したのではないかと指摘されています。

一方、似顔絵は似顔絵画家が目撃者からの情報を聞き取りながら、特徴をうまく捉えて犯人の顔を再現していきます。そのため、先入観なしに犯人に似た画像を作ることができるのです。

第2章

人が人を殺す心理

「人を殺す」動機にはどんなものがあるか

殺人事件の原因と分類

日本は殺人事件の少ない国です。年によって変動はありますが、10万人あたりの殺人既遂率はアメリカの10分の1以下です。

では、どのような動機によって、殺人が起きてしまうのでしょうか。現在、**殺人の三大動機と言われているものが「金銭トラブル」「恋愛トラブル」「普段からの恨み」**です。ただし、近年は、介護疲れなどによる介護殺人や介護心中も増えています。そのようなものも含めて、殺人は、**家族によるものが一番多いのです。**そのため、家族関係を良好にしておくことが殺人を未然に防ぐひとつの方法と言えるかもしれません。

続いては、殺人事件の種類を見ていきましょう。殺人を含めた暴力犯罪は、①計画的で制御されているもの②衝動的で制御されていないものに大きく分けることができます。実際の件数で言うと、**ほとんどの殺人は②の衝動的なものです。**

メガーギーとボーンは、その衝動的なタイプをさらに2種類に分類しています。ひとつは、ストレスや欲求不満をそのまま暴力にしてしまう「抑制欠如型」、もうひとつは感情を抑え込んでいながらあるとき我慢の限界が来て爆発させてしまう「抑制過剰型」です。抑制過剰型の犯人は普段はおとなしく模範的な人物であるため、犯罪を犯すように思えないのが特徴的です。

殺人事件の特徴

殺人事件の三大動機

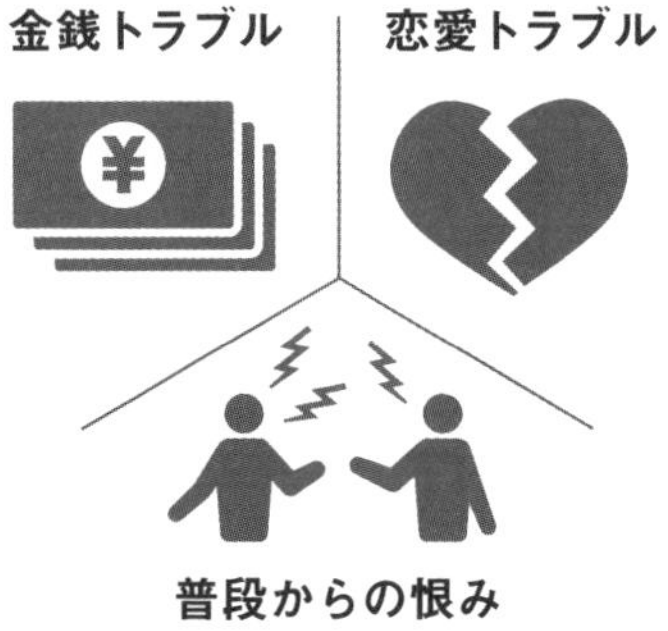

日本は比較的殺人の少ない国

人口10万人あたりの殺人発生率（2017年）

アメリカ	5.3人
フランス	1.3人
イギリス	1.2人
ドイツ	1.0人
日本	0.2人

（令和2年版 犯罪白書より）

人は誰に殺されるのか

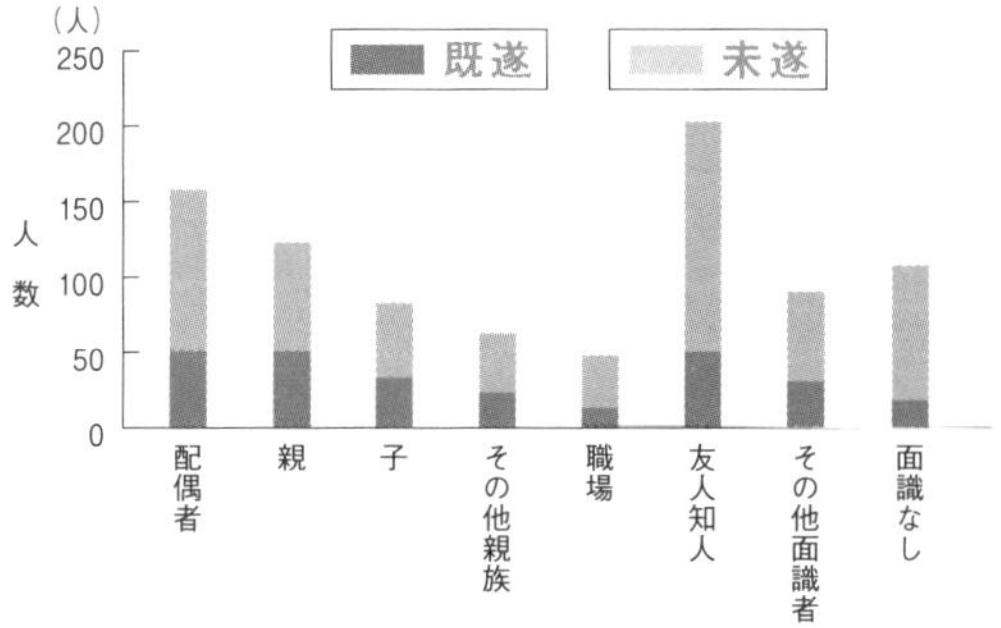

平成29年の刑法犯に関する統計資料（警察庁）より

殺人、および殺人未遂事件の関係別人数。（関係は、被疑者から見た被害者の属性）半数以上は家族に殺されていることがわかる。

殺人・暴力事件の分類

計画的で制御されているもの

衝動的で制御されていないもの

抑制欠如型

ストレスや欲求不満が、制御されずに暴力に結びつく。

抑制過剰型

感情を抑え込んでいて、一気に暴力として爆発する。

連続殺人は犯行現場を見れば犯人像がわかる

秩序型殺人と無秩序型殺人

連続殺人とは、ひとり（まれにふたり）の犯人が連続して多くの被害者を殺害する犯罪を言います。最初の殺人から次の殺人までの期間を冷却期間と呼びます。

一般の殺人事件は、加害者と被害者の間に金銭トラブルや家族間の問題などがあるため、犯人も見つけやすくなります。しかし、**連続殺人の場合は行きずりの人物を襲うことが多いため、捜査も困難になるのです。**

その捜査の一助として、１９７０年代にＦＢＩ（アメリカ連邦捜査局）が、連続殺人犯の特性を研究しました。その結果、**連続殺人には大きく分けて秩序型と無秩序型のふたつのタイプがあることがわかったのです。**

秩序型は計画的に行われた犯行で、事前に凶器や犯行道具は用意されています。犯行現場からは凶器や遺体、証拠などが持ち去られ、ある程度片付けられているのが特徴です。

一方の無秩序型は偶発的な犯行となり、凶器は現場で調達したものが使用されます。また、現場は汚く、遺体や証拠となるものなども残されています。つまり、犯行現場を見れば犯人のタイプがある程度特定できるのです。

ただし、その後の研究により、両方の特性を持つ、混合型と言われるタイプもあることがわかっています。

連続殺人の定義と分類

連続殺人とは

ひとり（まれにふたり）の犯人が、連続して多くの被害者を殺害するタイプの犯罪。犯行と犯行の間を冷却期間と呼ぶ。

一般の殺人事件とは異なり、被害者が行きずりの人物であることが多い。 ➡ 捜査が困難になりがち。

連続殺人の分類

連続殺人は、その特徴によって大きくふたつのタイプに分類される。そのため、犯行現場を見れば、犯人像を推定することができる。

秩序型

- 計画的犯行（凶器や犯行道具は事前に用意）
- 会話は慎重
- 遺体や証拠は現場から持ち去る
- 現場は片付けられている
- 犯人は知能が高く、社会的能力あり

無秩序型

- 偶発的犯行（凶器は現場で調達したものを使用）
- 会話はなし
- 遺体や証拠を現場に残す
- 現場は汚い
- 犯人は知能が平均程度かそれ以下で、社会的能力が低い

（Ressler et al., 1988 より）

どちらのカテゴリーにも当てはまらない犯罪（混合型）もある。

Chapter 3

動機から見た連続殺人①

妄想から連続殺人に至る「幻覚型」

妄想から殺人を犯す幻覚型

FBIが犯行現場の状況を基に分類したのに対し、ホームズは動機的な側面を含めて、連続殺人事件を4つに分類しました。

最初のタイプは**幻覚型**です。これは**妄想性の精神疾患によって引き起こされるタイプの連続殺人で、**犯人は「自分が人から狙われている」といった被害妄想に取りつかれます。また、「世界を救うためには、人を殺さなくてはならない」という指令的な妄想の場合もあり、さらには、実際にそのような声が聞こえるといった、幻聴をともなうこともあるのです。

このタイプの犯人は精神疾患が進んでいるため、犯行現場は無秩序型になりがちです。さらに、捕まらないようにと積極的に策略をめぐらすわけではないことから、比較的早期に検挙されます。

なお、このタイプの殺人犯を語る上で、精神疾患を持つからといって、連続殺人を起こしやすくなるわけではないということに注意する必要があります。

アメリカでは6人を殺害したリチャード・チェイス事件、日本では連続殺人ではなかったものの、「手術の際に自分の体にはさみなどの手術器具を置き忘れられた」との妄想に取りつかれて医師を殺害した、青物横丁医師殺害事件などの事例があります。

幻覚型連続殺人の特徴と事例

幻覚型の特徴

妄想性の精神疾患によって引き起こされる連続殺人

「誰かが自分を殺そうとしている」
「まわりから陰口を叩かれている」
というような妄想が生じる。

「世界を救うためには、人を殺さなければならない」というような指令的な妄想もある。

「無秩序型」の行動をとる。

精神疾患を持つからといって連続殺人を起こしやすくなるわけではない。

幻覚型連続殺人の事例

リチャード・チェイス事件

発生時期	1977年12月〜1978年1月
殺害人数	6人
動機	自分の血を砂に変えないためには、他人を殺してその血を飲むしかないという妄想による。
概要	リチャード・チェイスは、1977年12月に、電気技師を射殺。その翌月には、近所に住む妊婦を殺害して、遺体を切開、その後、彼女の血を飲んだ。 わずか1カ月の間に6人を殺害したが、目撃情報などにより、犯人であることがわかり、検挙された。 収監後、刑務所内で自殺した。

Chapter 4

動機から見た連続殺人②

偏った信念に基づき殺害を繰り返す「使命型」

特定のカテゴリーの人を狙う使命型

　第2のタイプは、**使命型**です。これは、**偏った信念によって、殺人を行っていくタイプ**で、「世の中を悪くしているのは特定の人種だ」「売春婦がアメリカを堕落させている」「妊娠中絶をする医師がいるから性道徳が乱れる」といった考えで、そのカテゴリーに該当する人物を殺害していきます。

　彼らの特徴は、その人物を殺害することによって世の中がよくなると本気で信じている点です。**自分の正義感によって犯行は行われているので罪悪感はありません。**

　殺害には、銃など、強力で人を素早く確実に殺害できる凶器を準備し、計画も冷静に行われます。殺害後は逃走して、犯行を継続しますが、それは、よりよい社会を作るためにその活動を続けることが必要だと考えているからです。

　このタイプの犯罪者の例としては、麻薬中毒者を狙って殺人を行った警察官マニュエル・パラドや、白人至上主義に傾倒して黒人とユダヤ人を殺害し続けたジョセフ・ポール・フランクリン。そして「産業化社会が人々から人間らしさを奪っているため、それを崩壊させなければならない」という使命から航空会社などに爆弾を送り付けた、セオドア・カジンスキーなどがいます。

使命型連続殺人の特徴と事例

使命型の特徴

偏った信念によって、特定のカテゴリーの人を狙う連続殺人

「特定の人種」「麻薬中毒者」「堕胎を行っている医師」など、特定の人物を狙う。

目標の人たちを殺害することで、世の中がよくなると本気で信じている。

殺害は計画的に行われる。

拷問や虐待などが行われることは、基本的にない。銃など、素早く殺害できる凶器を使うことが多い。

使命型連続殺人の事例

マニュエル・パラド事件

発生時期	1986年1月〜1986年4月
殺害人数	9人
動機	麻薬中毒者を処刑し、治安を回復させようと考えた。
概要	マニュエル・パラドは、正義感にあふれた警察官だった。町にいる麻薬中毒者が治安を悪化させていると考え、麻薬中毒者9人を殺害した。最後まで、自分の行為を反省することはなく、「自分は、麻薬戦争に兵士として立ち向かっただけ」と主張した。

Chapter 5

動機から見た連続殺人③

性欲を満たすために残忍に殺す「快楽型」

性欲と結びついた殺人形態

3つ目は**快楽型**です。属に「快楽殺人」と言われるのがこのタイプであり、**自身の性欲が殺人と結びつき、自らの性欲を満たすために犯罪を犯すものです。**

幻覚型や使命型とは違い、犯人は殺人そのものを楽しむため、レイプや拷問をともなった残忍な方法を取られることが多くあります。

犯人のほとんどは男性で自らの性的な対象を殺害します。つまり、被害者が女性であれば異性愛者、男性なら同性愛者と考えられます。同様の理由から、被害者の容姿や年齢、髪型などが共通する場合もあります。

殺人と性欲が結びつく理由についてはよくわかっていませんが、サディズムなどのフェチシズムが極端になったものとも考えられます。また、この種の殺人者には、子どもの頃虐待を受けていた経験があることや、幼児期から問題行動を多発させていること、暴力的なポルノを愛好していたこと、他者に対する共感性に障害があることなどの特徴があり、**大人になる過程でのさまざまな要因が重なって、このような犯罪者が生み出されたとも考えられています。**

代表的な例として、アメリカで33人もの少年を殺害したジョン・ウェイン・ゲイシーや、日本で幼女ばかり4人を殺害した宮崎勤などが挙げられます。

快楽型連続殺人の特徴と事例

快楽型の特徴

性欲が殺人などと結びつき、それを満たすために行う犯行

犯人はほとんどが男性。自らの性的対象となる人物を殺害する。

拷問やレイプなどの行為をともない、殺人そのものを楽しむような事例が多い。

「秩序型」の行動をとる。

子どもの頃受けた虐待や、暴力的ポルノを愛好していたことなど、さまざまな要因が重なって、このような殺人者が生み出されたと考えられる。

快楽型連続殺人の事例

ジョン・ウェイン・ゲイシー事件

発生時期	1972年〜1978年
殺害人数	33人
動機	自身の、少年に対する性的な欲求を満たすため。
概要	ジョン・ウェイン・ゲイシーは、ビジネスマンとして優秀であったが、その一方で、少年を自宅に誘い込んで、同性愛行為に及び、その後に殺害するという行為をくり返した。 殺害した遺体は、自宅の床下に埋めた。 行動を不審に思った警察により逮捕され、死刑となった。

Chapter 6

動機から見た連続殺人④

支配と優越を楽しむ「パワーコントロール型」

相手を恐怖で支配する

4つ目は**パワーコントロール型**です。このタイプの犯人は、他人のすべてを支配し、優越感を得ようとします。**支配やコントロールすることの究極が相手の生命を奪うということになります。**

殺害のタイプは秩序型で、事前に計画をたてて犯行に及びます。また、殺害の前には被害者をつけ狙い、拘束して監禁し、レイプ、暴行、拷問などを行います。つまり、**殺害という結果よりもそのプロセスを重視するのです。**

このパワーコントロールの元になっているのは性欲だと考えられ、力と支配という感覚と性欲が結びついているとも言えます。そのため、**快楽型（52ページ）のバリエーションだとも考えられる**のです。

米国で起きたテッド・バンディ事件が、このタイプの典型ですが、日本で起きた自殺サイト連続殺人事件もここに分類されます。この事件の犯人は、自殺サイトの掲示板を利用して、自殺志願者を集め、首を絞めて殺害しました。犯人は、窒息しもがき苦しむ人を見て興奮を覚えるタイプでした。彼は何度も窒息させては蘇生させることを繰り返し、その様子を録画までしていたのです。窒息は、性的な快楽と結びつきが強いとされ、この事件以外にも、事故による死亡例も少なくありません。

パワーコントロール型連続殺人の特徴と事例

パワーコントロール型の特徴

相手を支配し、優越感を味わうために行う殺人

被害者のすべて（命をも）を、自分の思うままにコントロールしたいという欲求がある。

圧倒的な力で、相手を恐怖で支配し、そのまま殺害する。

「秩序型」の行動をとる。

パワーコントロールの元になっているのは性欲だと考えられ、快楽型のひとつのバリエーションとも言える。

パワーコントロール型連続殺人の事例

テッド・バンディ事件

発生時期	1974年～1978年
殺害人数	30人以上
動機	女性への暴行と、殺人自体への快楽。
概要	テッド・バンディは、30人以上の女性を殺害した、「世界でもっとも有名な」連続殺人犯。 高学歴で、ハンサムであったため、外見からは殺人犯には見えなかった。逃亡や転居を繰り返し、ワシントン、ユタ、フロリダの3カ所で犯行を続けた。1978年に逮捕され、1989年、死刑が執行された。

Chapter 7

女性の連続殺人①

保険金殺人が代表的な「黒い未亡人型」

財産目当ての巧みな犯行

女性による連続殺人は、男性のものとは異なり、**経済的な理由である場合が多く見られます。**その代表的なものが**黒い未亡人型**と呼ばれるタイプです。

彼女たちは、結婚もしくは交際関係にある男性を殺害し、その資産や保険金を手に入れます。かつては、資産家の男性を見つけ関係を持ったのちに殺害するパターンが多くありましたが、保険制度が広まったことにより、相手が資産家でなくとも、多額の保険金を掛けて殺害することで大金を手にすることができるようになっています。また近年では、婚活サイトやマッチングアプリなどを利用して、ターゲットを見つけるという手段も取られています。

殺害方法は、毒殺や練炭を使うものなどが多く、事故や自殺に見せかけているため、発覚しにくいという特徴があります。

このタイプの犯人は演技性が高いことが多く、相手を騙したり、犯行を疑われた場合に嘘をついて言い逃れをしたりします。

このタイプの代表的な犯人では、オーストリアで夫や娘などを殺害し、保険金を手にしたマーサ・マレクがいます。日本では、資産家の男性を10人以上殺害したとされる筧千佐子や、わかっているだけで3人を殺害した木嶋佳苗などの事件が有名です。

黒い未亡人型連続殺人の特徴と事例

黒い未亡人型の特徴

財産を目当てに、お金を手にするため行われる殺人

資産家と結婚し、夫を殺害して財産を奪うというケースが多い。

資産家でなくとも、多額の保険金を掛けて殺害する場合もある。

毒殺、練炭による自殺偽装などが多い。

近年では、マッチングアプリなどを使って知り合った男性をターゲットにするパターンが増えている。

黒い未亡人型連続殺人の事例

木嶋佳苗事件

発生時期	2007年〜2009年
殺害人数	3人（他にも複数人いる可能性あり）
動機	男性から受け取った資産目当て。
概要	木嶋佳苗は、交際していた男性から、結婚を装った詐欺で多額の金銭を受け取り、その後殺害をするという犯行を繰り返した。 方法はおもに、練炭による自殺を装っていた。 逮捕後、全面的に否認をしていたが、裁判により死刑が確定した。

Chapter 8

女性の連続殺人②

患者の容体をもてあそぶ「死の天使型」

病院が舞台となる連続殺人

女性による連続殺人のもうひとつのタイプは、**死の天使型**です。この犯罪の犯人は看護師です。

自分の勤務する病院で、患者に症状を悪化させる薬物を飲ませたり、それらを注射したりして殺害します。特徴的なのは、**被害者の容態が悪化した際、犯人は救急措置や献身的な看護を行っていることです。**このような対応をするために犯人だと疑われることが少なくなるのです。

犯行の動機はいくつか考えられますが、まず挙げられるのが自己顕示欲です。**病院内での、自分の能力の高さを周囲に見せつけるため**に犯行を行うというものです。

次に考えられるのが、自らが患者の生死をある程度コントロールできるという、パワーの確認です。さらには患者やその家族が苦しむ姿を見て、**ストレスを発散するというパターンもあります。**

いずれの場合も、問題なのは、犯人が「女性」ということよりも「看護師」であるということです。女性の犯人が多いのは、看護師という仕事に就いている人の多くが女性だからという理由なのです。

このタイプの犯罪者では、アメリカで60人以上の子どもを殺害した、ジニーン・ジョーンズが有名です。

死の天使型連続殺人の特徴と事例

死の天使型の特徴

犯人は看護師。自分の存在意義を確認するため殺害

看護師が自分の勤務する病院で、薬物などを使い患者を殺害する。

症状が悪化した患者に対し、献身的な救命活動をするため、発覚しにくい。

優秀な看護師と評価されていることが多い。

自らが人の命を左右することができるのだという、パワーの確認を求めていたり、他者からの称賛が欲しかったりという動機が考えられる。

死の天使型連続殺人の事例

ジニーン・ジョーンズ事件

発生時期	1981年(これ以前からの可能性もあり)～1982年
殺害人数	60人以上
動機	容態の急変した子どもに適切な治療をし、命を救うという行為をしたかった。
概要	ジニーン・ジョーンズが勤務していた病院で、20人もの子どもが次々と死亡した。彼女が別の病院に移ると、その病院でも同様の事件が起きた。 後に彼女は、予防注射に筋弛緩剤を入れて、子どもたちを殺害していたことがわかり、検挙された。 最終的に彼女が殺害した子どもは60人以上になると考えられている。

刑事ドラマに出てくる「プロファイリング」とはどんなもの？

現場の状況から犯人の属性を推測する

プロファイリングは、**犯行現場の状況や現場での犯人の行動から、犯人の年齢、職業、精神疾患の有無など、その属性を推定していく技術です。**

その歴史は１８８８年にロンドンで起こった「切り裂きジャック」事件に関し、トマス・ボンド医師が犯人像を推測したのが最初とされています。その後も、プロファイリング的な犯人の推定は行われましたが、より本格的になったのは１９７０年代にＦＢＩが連続殺人事件の捜査のために開発した手法によってです。

ＦＢＩは、プロファイリング技術を開発するにあたり、刑務所に入っていた連続殺人犯と性的殺人犯36人のデータを分析しました。それによって、犯人のタイプが大きく２つに分類されることがわかりました。それが、秩序型と無秩序型です（46ページ）。

この分類では、**犯行の形態や現場の状況だけでなく、犯人の属性もわかりました。**秩序型の犯人は知的水準が高く、職に就いており、配偶者のいる人が多かったのです。一方、無秩序型の犯人は、知的水準が低く、無職でひとり暮らしなどの特徴がありました。

連続殺人事件から始まったプロファイリング技術は、現在、性犯罪、放火、テロリズムなど、さまざまな犯罪の捜査に応用されています。

プロファイリングの始まりとその定義

プロファイリングの歴史

1888年

ロンドンで発生した「切り裂きジャック」事件に関し、トマス・ボンド医師が犯人像を推測し、ロンドン警視庁に書簡を出す。事件未解決のため、的中したかどうかは不明。

1940～1950年代

ニューヨークで発生した連続爆弾事件に関し、精神科医のジェームズ・ブラッセル博士が犯人像を推定。逮捕された犯人は、多くの部分で推定と一致していた。

1970年代

アメリカ連邦捜査局（FBI）で、連続殺人事件の犯人を推定するために、本格的なプロファイリングが行われる。

プロファイリングの定義

犯行の分析に基づいて被疑者の性格特徴や行動特性を特定する手法

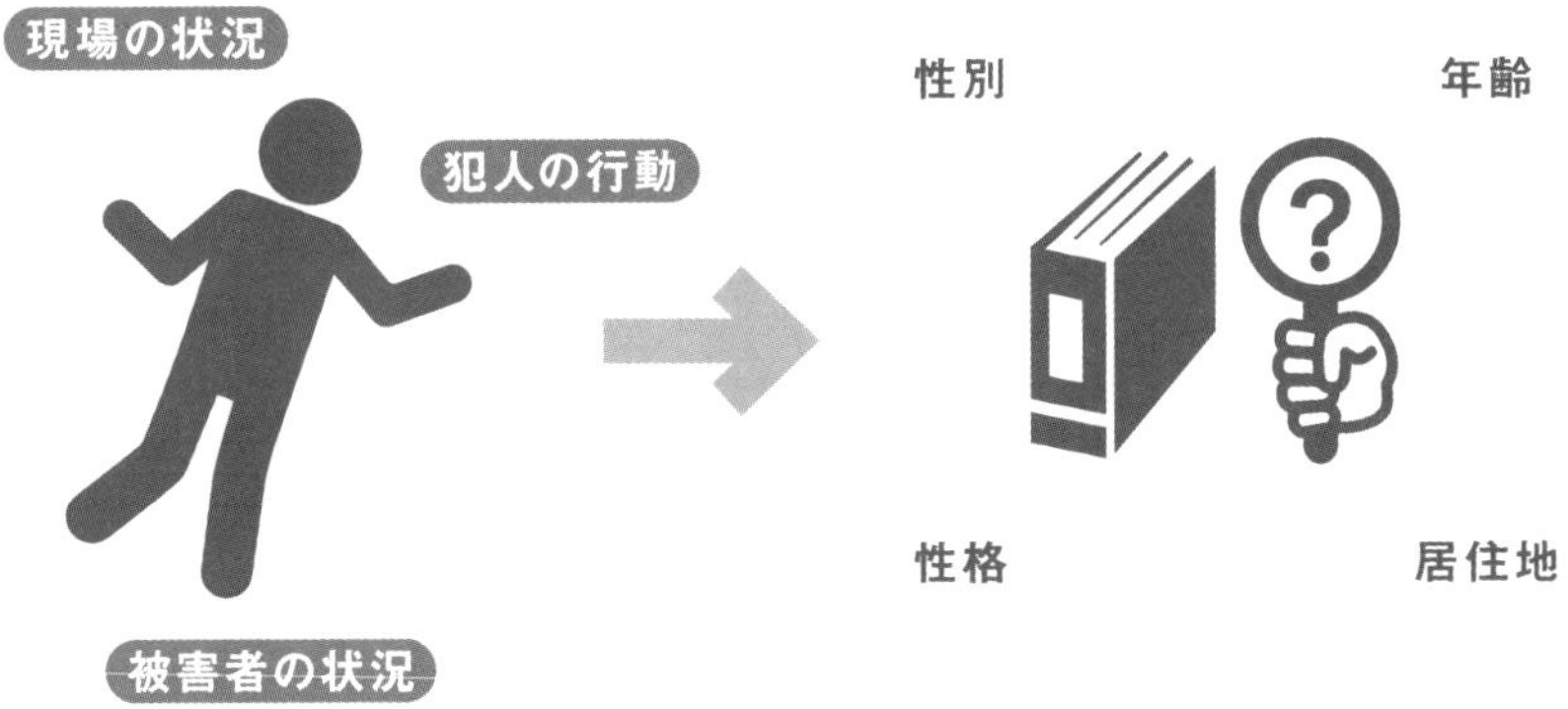

現場の状況などのデータから、犯人がどのような人物か推定する。

科捜研も採用している最新のプロファイリング法

統計手法を用いたリヴァプール方式

ＦＢＩのプロファイリングに対し、高度な統計手法を用いて犯人の行動を分析したのが、**リヴァプール方式のプロファイリング**です。

これは、イギリスのリヴァプール大学のカンターが開発しました。この手法では、**まず数多くの犯行現場の特徴について、データベースを作成します。**たとえば殺人事件であれば、「遺体をバラバラにする」「被害者に猿ぐつわをする」などです。次にこれらの項目が同時に起こりやすいかどうかを計算します。そして、同時に起きやすい行動は近くに、あまり同時に起こらない行動は離すようにして、２次元の空間上にマッピングしていくのです。

こうしてできたマップは、同時にとられやすい行動同士が近くに配置されていることから、**同一の犯人がとった行動をチェックすると、その範囲はだいたいまとまっていきます。**そのようにして、複数の事件の犯人が同一人物かどうかを推測することができるのです。

これは殺害の状況だけでなく、「犯人は20代である」や「犯人は無職である」といった情報をマッピングしていけば、犯人の属性を推定することも可能になります。

この手法は世界の標準的なプロファイリング方法となっており、日本でも、科学捜査研究所（科捜研）などが、この方法を使っています。

リヴァプール方式のプロファイリング

リヴァプール方式のプロファイリングとは

現在、世界で標準的に使われているプロファイリング方法

イギリスの心理学者デビッド・カンターが開発したプロファイリング方法論。

高度な統計手法を用いて、犯人の行動を分析する。

日本の科学捜査研究所でも使われている。

これを用いると、FBIの方式に比べて非常に柔軟で、さまざまな手法を開発することが可能となる。

リヴァプール方式による連続殺人のプロファイリングの例

連続殺人犯について、現場で同時に起きやすい行動は近くに、あまり同時に起こらない行動は離してマッピングしていく。
犯人の行動を、このマップ上でチェックし、同一の犯人かどうかがわかる。

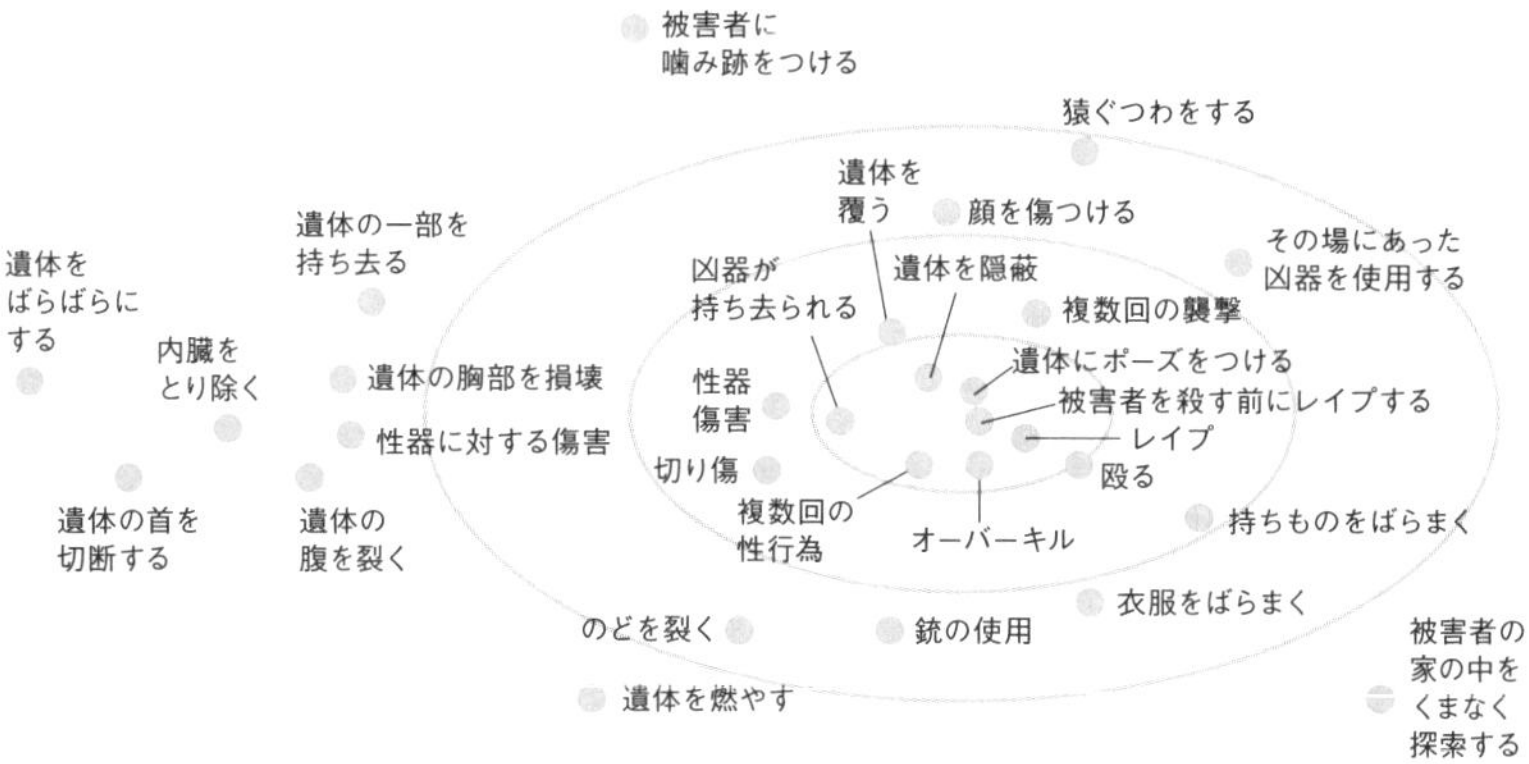

犯人の属性などについても、この手法でプロファイリングできる。

犯人の居住地などを推定する地理的プロファイリング

犯人の拠点と犯行現場の関係性

プロファイリングは、犯行を行った人物の特定だけでなく、その居住地（拠点）や次の犯行地の推定にも使うことができます。それが、地理的プロファイリングです。こちらもリヴァプール方式と同じく、カンターによって開発されました。

この方法の基本的な考えは、**連続犯罪の犯行地点を結ぶもっとも長い線を直径とした円を描いたとき、犯人の拠点はその中に存在するというものです。**これを円仮説と言います。連続放火事件に関しては、約70％がこの仮説に当てはまるとされています。

この仮説の問題点は、探索しなければならない地点が広大になってしまうことです。そのため、犯人の拠点を推定することが重要になります。ここで用いられるのが、その円の中心に犯人の拠点があるとする円心仮説や、犯行地点の偏りを考慮した重心仮説などです。また、犯人は自身の拠点の周辺では事件を行わないとされています。このエリアをバッファゾーンと言います。つまり、**犯行が行われるのは円仮説の範囲内で、かつバッファゾーンに含まれないドーナツ状のエリアということになります。**

地理的プロファイリングでは、犯人の拠点特定に加え、次の犯行地点を予測することなども行われています。

地理的プロファイリングの方法

地理的プロファイリング

連続犯罪の地理的情報を基にしたプロファイリング

リヴァプール方式と同じく、イギリスのデビッド・カンターが開発した。

犯行地点のもっとも離れた2点を結ぶ円を書き、その中に犯人の拠点があるという仮説。

窃盗・放火・性犯罪などに多く使われる。

犯人の拠点の特定だけにとどまらず、次の犯行地点を予測し、逮捕につなげることにも役立っている。

地理的プロファイリングの例

円の中の中心付近に、犯人の拠点があるとする説（円心仮説）や、犯行現場の重心付近に、犯人の拠点があるとする説（重心仮説）などがある。

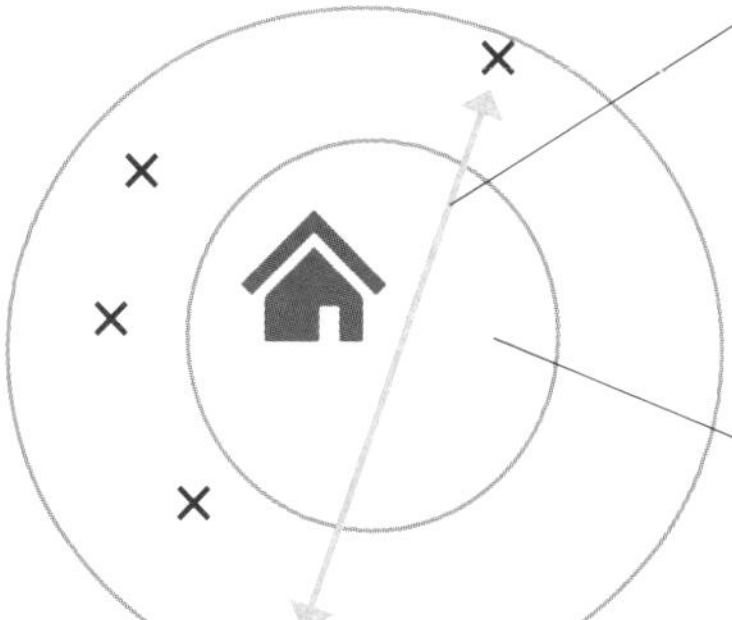

犯行のあった、もっとも遠い2点を結んだ円を描く。犯人の拠点はこの中にあると考えられる。

犯人は、活動拠点付近では犯行を行わない。この部分をバッファゾーンと言う。

現在は、より焦点を絞って拠点を特定する手法も研究されている。

大量殺人はなぜ起こってしまう？

動機と属性による大量殺人の分類

大量殺人はひとりの犯人が同時にひとつの場所で多数の人を殺害するタイプの殺人です。FBIでは、1度に4人以上の人を殺すことと定義していますが、日本ではふたりから3人以上を殺害した際に使われることが多いです。

フォックスとレビンは、大量殺人事件を動機に基づいて分類しています。

ひとつ目は恨みを持っている個人や集団を狙った**復讐型**。ふたつ目は自らの力を誇示する**パワー型**。3つ目は一家心中などを起こしてしまう**誠実型**。4つ目は強盗傷害による**利益型**。最後は、殺害を通して政治的、宗教的なメッセージを送る**テロ型**です。

また、日本では大量殺人事件を犯人の行動と属性に注目して3パターンに分類しています。

ひとつ目は、公共の場所でそこに居合わせた、自分と面識のない人を無差別に襲う無差別**大量殺傷型**。ふたつ目は家族など自分と面識のある人を殺傷し、最後は自殺するというパターンの**一家心中型**。最後が強盗などの機会に居合わせた人を殺傷するなどの**凶悪犯罪型**です。

凶悪犯罪型は、共犯者がいる場合も多く、暴力団の抗争によるものや、保険金を受け取るために建物に放火するものなど、行動も目的も多様です。

大量殺人の定義と分類

大量殺人とは

ひとりの犯人（まれに複数人）が、同時にひとつの場所で多数の人を殺害するタイプの殺人

動機に基づいた分類

復讐型	恨みを持った個人や集団を対象とする
パワー型	自分の力を誇示することを目的とする
誠実型	一家心中の場合の動機
利益型	強盗による殺傷事件
テロ型	政治的、宗教的なメッセージのための手段

（Fox & Levin,2003 より）

犯人の行動と属性による分類

無差別大量殺傷型	犯人は日中、刃物を使用して、自分と面識のない人間を無差別に殺傷する。会社でのリストラや、辞職などがきっかけのひとつとなっている。
一家心中型	犯人は夜間から午前中にかけて、自分と面識のある人間を殺傷する。犯行は衝動的。逮捕される場合は、事件当日に現場付近で捕まる。自殺する可能性もある。
凶悪犯罪型	犯人は夕方から深夜12時にかけての時間帯に、共犯とともに被害者を殺傷する。事件は計画的で、犯人は逃走準備をしており、逃走する。証拠も隠蔽する。

（越智・木戸,2011 より）

無差別大量殺人の共通点とは？

大量殺人の中でも「無差別大量殺人」は、動機が理解困難で社会的にも大きな不安を引き起こすものです。しかし、その内容を分析してみると、**ある共通したパターンがあることがわかってきました。**

挫折や絶望がきっかけになる

まず、犯人は生活がうまくいっておらず、挫折や絶望感を抱いています。そして、その原因は自分にあるのではなく、**別の何者かが悪いと考えます。**これは個人だけではなく、その人物が所属する会社や集団に向けられます。

次に、犯人は**自分には生きる価値はないと考えています。**自殺も考えていることでしょう。

ただ、自分が死ぬのであればその原因を作った相手をできるだけ多く殺してからにしようという考えに至るのです。

目的は相手をできるだけ多く殺害することですから、効率よく殺傷できるように武器などを入手します。そして、自分の訴えが世間に届くよう、**犯行声明や遺書や日記などで自分の行為を正当化するメッセージを残す**のです。

犯人の最終目的は自分も死ぬことなので、犯行後は自殺を図るか、逮捕された場合でも死刑を望みます。自分が誰であるかを隠すことはせず、逃走することも考えません。

無差別大量殺人は、このような経緯で行われることが多いのです。

無差別大量殺人の共通性と事件例

無差別大量殺人の共通性

挫折や絶望の中にいて、
他者や集団を憎んでいる。

自分は生きる価値などなく、
自殺したいと思っている。

敵をできるだけ
多く殺害してから自分も
死のうと考える。

効率的に殺傷を
行えるような
計画を練る。

自分の行為を正当化
するためのメッセージを
用意する。

愛する家族やペット
などを殺害してから犯行に
臨むこともある。

最終的には自殺するか、
死刑になることを望む。

犯行時、自分が
誰であるかを隠さない。

無差別大量殺人の事件例

バージニア工科大学銃乱射事件	2007年4月、バージニア工科大学において、在学生で韓国人のチョ・スンヒが銃を乱射。教員5名を含む32名が撃ち殺された。犯人は、銃で自分を撃ち自殺した。
パトリック・パーディー事件	1989年1月、カリフォルニア州の小学校で、パトリック・パーディーが銃を乱射し、児童5名を殺害し、39名に重傷を負わせた。犯人は銃を使って自殺した。
下関大量殺傷事件	1999年9月、上部康明が、JR下関駅に車で突っ込み、ふたりを死亡させた後、包丁で構内にいた人を刺し、3人を殺害した。犯人は逮捕後、死刑となった。
津山30人殺し	1938年5月、都井睦雄が、岡山県の集落で村人を襲い、銃や刃物などで30人を殺害した。犯人は、犯行後自殺した。

Chapter 14

第2章

テロリズムの目的は？

人が人を殺す心理

テロリズムの種類

テロリズムとは「一般大衆の恐怖心を引き起こすことによって、特定の政治的な目的を達成するための手段として定義される暴力行為」のことです。具体的な手段としては、爆破や銃乱射、大量殺人、要人暗殺、誘拐・脅迫、人質立てこもり、ハイジャックなどの形をとることが多く、個人的なストレスや不満の表出というよりは、なんらかの社会的大義が動機として存在しているのが特徴です。

テロの目的としては、大きく「政治テロリズム」と「宗教テロリズム」に分類できます。**「政治テロリズム」**は、政治思想を背景として行われるテロのことで、左翼集団によるテロと右翼集団によるテロのふたつの方向性があります。**「宗教テロリズム」**は宗教的な価値観の違いや民族間の対立などに起因して実行されるテロで、２００１年の９・11アメリカ同時多発テロ事件のほか、１９９５年のオウム真理教による地下鉄サリン事件のような新興宗教によるテロも発生しています。

また、近年では政治体制や社会体制全体の変革を行おうとするのではなく、銃規制反対や中絶反対、反グローバリズム、環境保護といった、**単一の論点に絞ったテロも増えています。**その意味でも、より広範囲にわたる監視と対策が求められるようになっています。

テロリズムの定義

テロリズムとは ＝ **一般大衆の恐怖心を引き起こすことによって、特定の政治的な目的を達成するための手段として定義される暴力行為**

テロのおもな手段

政治テロリズム

政治思想を背景として行われるテロ。大きく左翼集団によるテロと、右翼集団によるテロのふたつの方向性がある。

■ 左翼集団

社会主義や共産主義を実現することを目的とした集団。日本で起きたものとしては、1974年の三菱重工爆破事件などが挙げられる。

■ 右翼集団

伝統文化を重視した国家を樹立するという思想を持つ組織。日本で起きたものとしては、右翼組織に所属経験のある17歳の少年による、1960年の浅沼社会党委員長殺害事件などがある。

宗教テロリズム

宗教問題や民族問題が絡んで実行されるテロ。2001年の9.11アメリカ同時多発テロ事件がその一例。また、1995年のオウム真理教による地下鉄サリン事件といった新興宗教によるテロも発生している。

単一の論点に絞ったテロ

近年のテロの特徴のひとつで、政治体制や社会体制全体の変革を行おうとするのではなく、単一の論点に絞ったテロリズム。例として、銃規制反対、中絶反対、反グローバリズム、環境保護を目的としたものなどが挙げられる。

Chapter 15

近年は個人テロリストが増えている!?

組織に属さない個人テロリスト

前ページで、近年は単一の論点に絞ったテロリズムが増加していると述べましたが、それと共に近年のテロの特徴として挙げられるのが、**組織に属さずに単独でテロを行う、個人テロリストの存在です。**

　従来のテロリズムでは、テロの実行犯はなんらかの社会的・宗教的思想を持った団体に所属した上で、組織の方針に従ってテロを決行するというケースが一般的でした。ところが近年は、インターネットなどの影響によって独自に思想を過激化させた個人が、集団に属することなく、単独でテロを行うというケースが見られるようになっています。こうした個人テロリストは、**「ローンアクター型テロリスト」**または**「ローンウルフ型テロリスト」**と呼ばれます。「ローンアクター型テロリスト」は、なんの前触れもなく突発的に出現し、犯行の予測が困難であることから大きな問題となっています。

　また、個人テロリストの中でも、海外からインターネットを通じて洗脳され、**自分の育ってきた国で宗教テロを行うタイプの犯人のことを、「ホームグロウンテロリスト」といいます。**

近年は多くのテロ組織がインターネットを使った宣伝やリクルート活動を行っていることから、個人テロリストの出現をどう防ぐかが、テロ対策における大きな課題のひとつといえます。

テロリズムの個人化

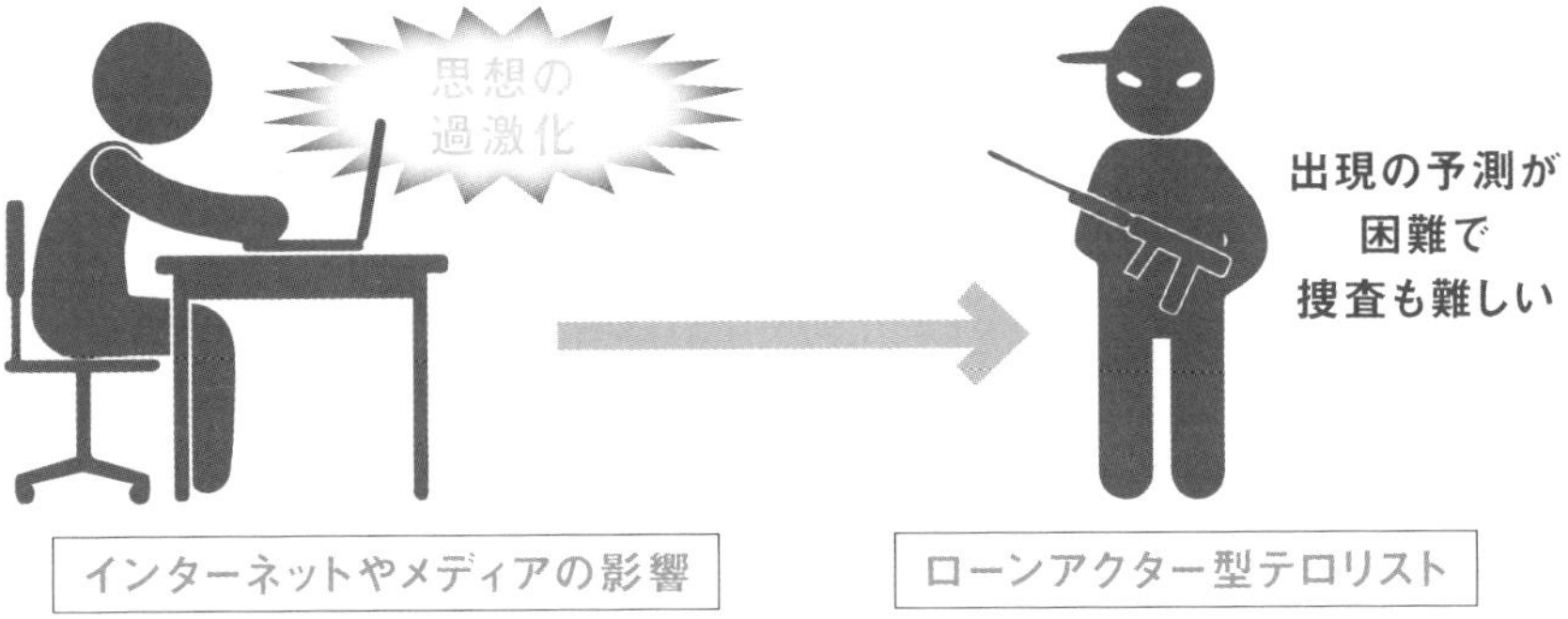

どの団体にも所属していない個人がインターネットやメディアの影響を受けて過激化し、テロを起こす。こうしたタイプのテロリストはローンアクター型、またはローンウルフ型テロリストと呼ばれる。

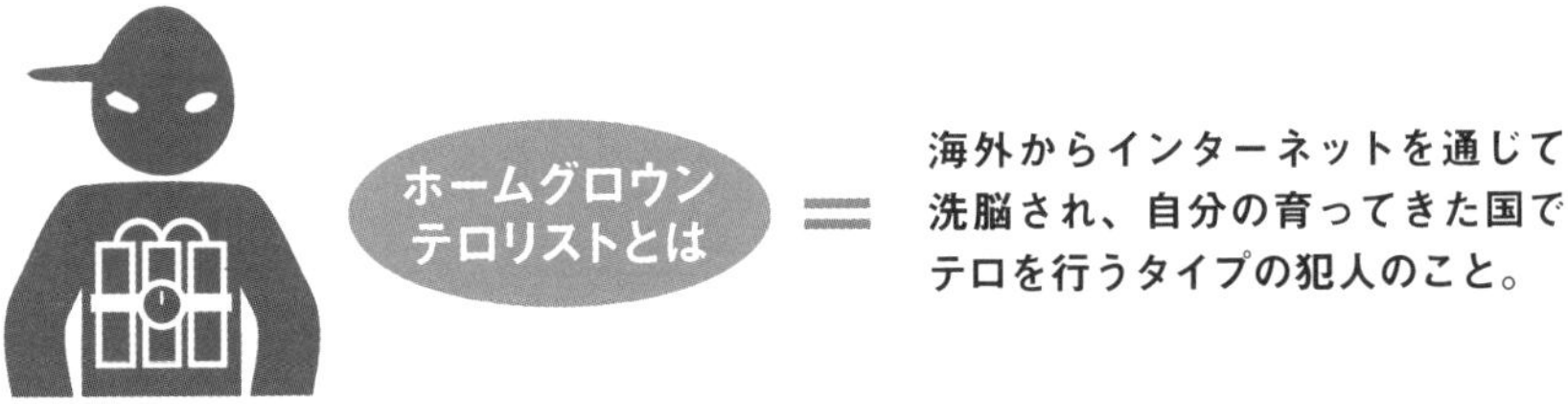

インターネットの活用

近年では多くのテロ組織がインターネットを活用。自分たちの主張の発信、新人のリクルート、人質の殺害場面の中継、自分たちの運動に反対している人物への中傷や敵対人物の個人情報の公開などを行うためにインターネットを利用している。

Column

サーモグラフィで相手の嘘がわかる?

容疑者が嘘をついているかを見破る方法としては、ポリグラフ検査が有名ですが、近年注目されている別の手法としてサーモグラフィを使ったものがあります。これは対象者の顔面をサーモグラフィで撮影し、さまざまな質問を行った際の顔面の温度変化から、嘘をついているかを判別するというものです。この手法の有効性については、アメリカのハネウェル研究所と国防総省が共同で行った次のような実験があります。この実験では、まずボランティアの参加者を有罪群（12人）と無罪群（12人）に分け、有罪群にはドライバーを使ってマネキンを刺し、金を奪うという模擬犯罪を行ってもらいます。その後、参加者はサーモグラフィで顔の温度をモニターされながら、凶器についての質問を受けます。これは音声で「鉛筆」「はさみ」「レターオープナー」「ボウイナイフ」「ドライバー」という言葉がランダムな順序で5回提示されるというもので、このときの顔面の温度変化を分析することで、91.7%という高い精度で有罪群と無罪群を区別できることが示されました。このサーモグラフィを使った検査は、ポリグラフ検査と違って対象者に装置を取り付ける必要がないことから、空港の入国審査に導入することで、テロリストなどの犯罪を目的とした人物の入国を未然に防ぐことができるのではとの期待が持たれています。

サーモグラフィによる有罪／無罪の予測と正答率

	サーモグラフィによる予測		正答率
	無罪	有罪	
無罪群	11	1	91.7%
有罪群	1	11	91.7%

（数字は人数）

第3章

性犯罪の心理

性犯罪にはどんなものがある？

同意がなければ恋人同士でも犯罪

性犯罪には「強姦（レイプ）」や「不同意わいせつ」「淫行」「痴漢」「性的虐待」といった被害者の身体に触れるものから、「盗撮」「のぞき」「露出」「下着泥棒」といった直接被害者の身体にこそ触れないものの、相手に精神的なショックを与えるものまで、さまざまな種類があります。また、しつこく言い寄ったり、電話やメールを一日に何度も行うといった、恋愛絡みの**「ストーカー行為」も性犯罪のひとつ**といえます。

とくに「強姦（レイプ）」や「不同意わいせつ」などの性犯罪は、「魂の殺人」といわれることもあるように、被害者に計り知れない精神的苦痛を与える極めて重大な犯罪です。

こうした犯罪の被害に遭った際、「はっきりと拒否しなかった被害者も悪い」といった意見が出ることもありますが、たとえ暴行や脅迫がなくても、「フリーズ状態」（性被害に遭ったとき、予想外の出来事に直面したことなどで体が動かなくなってしまう状態）や、立場による影響力などによって、**被害者がはっきりと拒否するのが難しい状況であれば、犯罪として成立します。また、「不同意性交」や「不同意わいせつ」は夫婦や恋人同士であっても成立する**ため、「交際しているのだから性行為を受け入れるのは当然だ」といった認識は誤りといえます。

性犯罪のおもな種類

強姦（レイプ）

相手の意思に反して、暴力や脅迫、相手の心神喪失などに乗じて性行為を強要する。

不同意わいせつ

被害者の同意なく、体を触るといった、性行為以外のわいせつな行為を行う。

公然わいせつ

不特定または多数の人が認識できる状態で、性器の露出といったわいせつな行為に及ぶ。

痴漢

公共の場所や乗り物の中で、相手の意思に反して、身体を触るなどの卑猥な言動を行う。

盗撮・のぞき

同意なく相手の下着や性行為を撮影したり、浴室など人が裸になる場所をのぞき見たりする。

下着泥棒

他人の住居やベランダ、コインランドリーなどに侵入し、下着を窃盗する。

ストーカー

特定の人物へのつきまとい、まちぶせ、押しかけ、無言電話、執拗なメールの送信などを行う。

未成年淫行

18歳未満の青少年と性行為、または性交に類似する行為を行う。

児童への性的虐待

児童にわいせつな行為を行う、または児童にわいせつな行為を行わせる。

レイプ犯は性欲の発散が目的？

必ずしも性欲だけが動機ではない

レイプとは相手の同意なく強制的に性行為を行う犯罪で、大きく顔見知りによる「知人間レイプ」と、まったく面識のない人物による「ストレンジャーレイプ」があります。

こうしたレイプ犯罪については、長い間「性欲主導の犯罪」であると考えられてきました。つまり、性的な欲求がたまり、それが引き金となって犯行に及ぶという考え方です。しかし、レイプ犯の研究を進めていくと、必ずしも**性欲だけが動機ではないことがわかってきました。**

たとえば、アメリカのナイトとプレンツキーは、レイプ犯を「怒り報復型」「搾取型」「補償型」「サディスティック型」の4つのタイプに分類していますが、これを見ると性欲がおもな**動機となっているのは「補償型」のみ**で、それ以外は性欲による犯罪というよりも、むしろ暴力犯罪の類型であると見ることができます。

また、加害者たちはレイプに先立って生活上のストレスや自尊心を傷つけられた体験をしていることが多いという研究もあり、レイプはそのストレスの発散、あるいは女性を支配することによる自尊心の回復のための行為という捉え方もされています。ただし、**日本では暴力的なレイプ事件よりも、性的な動機が表面に出ているものが多く、アメリカのレイプ犯とは傾向が異なっている可能性があります。**

レイプ犯の4つの分類

怒り報復型

- 女性から不正や侮辱を受けたと考えており、その復讐のためにレイプを行う。
- 特定の女性を狙うというよりは、女性全体に対して憎しみを持っており、適当な相手をレイプする。
- 彼らにとってレイプは性的というよりも暴力的な行為で、被害者に怪我を負わせることも少なくない。

補償型

- 社会的に有能ではなく、自尊心が低い。
- ポルノを嗜好し、のぞきや露出などの性的嗜好を持っていることが多い。
- 性的な目的でレイプを行うが、同時に一時的にでも女性を支配することで自分の有能さを確認したいということも動機となっている。
- 女性もレイプされるのを楽しんでいると思い込んでいる場合もある。

搾取型

- 男性優位な思想を持ち、男性が女性を暴力的に支配するのは当然だと考えている。
- レイプはそうした考えを実行に移しているだけであり、自己中心的で利己的な考え方に基づいている。

サディスティック型

- 自身のサディスティツクな性欲を満たすために、好みの女性をつけ狙って暴力的にレイプする。
- 被害者を傷つけることで性欲を満たすため、最悪の場合は相手を殺害することもある。
- もっとも危険なタイプで、連続殺人犯となるケースもある。

レイプ犯罪の動機は必ずしも性欲とはいえない?

これまでのレイプ犯罪の
動機のイメージ

性的な欲求がたまり、
それが引き金となって
レイプに及ぶ

ナイトとプレンツキーによる分類から
導かれるレイプ犯罪の動機

「補償型」以外は
性欲よりも暴力犯罪の類型で
あると見ることができる

Chapter 3

第3章

性犯罪の心理

女性にも非があるという偏見から生まれる「セカンドレイプ」

今もはびこる「レイプ神話」

性犯罪の大きな問題のひとつに、**「セカンドレイプ」（性的二次被害）**があります。これは性犯罪の被害者が、警察の取り調べやマスコミの報道などによって性被害の苦痛を思い出したり、「被害を受けたのは被害者にも落ち度があったからだ」といった中傷を受けたりすることで、**さらなる心理的・社会的ダメージを受けることを指します。**

とくに「被害者にも非がある」という考え方は、性犯罪に対する誤った考えが少なからず社会に浸透していることに起因していると思われます。具体的には「露出の高い服装をしている女性は被害に遭っても仕方がない」「嫌ならもっと抵抗すればよかったのにしなかったのは、強姦されることを望んでいたからだ」「レイプ事件の中には、男性への恨みを晴らすためにねつ造したものが多い」といった考え方のことで、これらは「レイプ神話」と呼ばれます。こうした**誤った信念があることも、被害者が性被害を訴えることをためらう要因のひとつです。**

この「レイプ神話」については、ほとんどの人がその内容を否定すると思います。しかし、近年、世間を騒がせた性加害事件でも被害者への中傷が行われていたことを考えると、今もこうした考え方が社会から完全になくなったとは言えないのが現状です。

レイプ神話とは？

性的欲求不満

男性は女性に比べてはるかに強くまた抑えがたい性的欲望を持っているから、レイプはやむをえないこともある。

衝動行為

レイプは一時の激情によるものだから、厳しくとがめるべきではない。

女性の性的挑発

女性の性的魅力に圧倒されてレイプに走ったのだから、女性の性的挑発も原因の一部である。
電車内で混み合った場所に立つ女性は、痴漢をされてもしょうがない。

暴力的性の容認

女性は男性から暴力的に扱われることで性的満足を得るものである。
荒々しく扱われることは、多くの女性にとって性的な刺激となる。

女性の被強姦願望

女性は無意識のうちに強姦されることを望んでいる。

女性のスキ

行動や服装に乱れたところがあり、自らレイプされる危険を作り出している女性は被害に遭っても仕方がない。

ねつ造

レイプ事件の中には、女性が都合の悪いことを隠したり、男性に恨みを晴らすためにねつ造したりしたものが多い。

罪意識の希薄さ

女性の体に触るのは挨拶代わりだ。

女性の性的欲求に関する誤認

繁華街でひとり歩きをしている女性は、ほぼ間違いなく男性に誘惑されるのを待っている。

レイプ神話と性犯罪（大渕ら,1995）、
性的情報接触と性犯罪行為可能性（湯川・泊,1999）より

セカンドレイプとは

被害者がさらに苦しめられることに

露出犯が出やすい時間や場所は？

性犯罪の中でもとくに多い犯罪

露出犯とは、被害者に対して突然、男性器を露出させ、相手がショックを受けたり、動揺したりする様子を見て楽しむ犯罪です。犯人のほぼすべてが男性であり、被害者も多くは女性ですが、男性が被害に遭うケースもあります。

こうした露出犯はテレビのニュースなどで取り上げられることがほとんどないため、あまり発生しないマイナーな犯罪であると思いがちです。しかし、**実際は日本の性犯罪の中でもとくに多い犯罪のひとつ**で、たとえば高校生と大学生を対象とした調査では、45・3％が過去に露出犯に遭遇したことがあると回答したとの報告もあります。

なお、露出犯のデータについては、２００７年10月から２００８年5月の間に露出行動で検挙された４１５人のケースを対象とした調査があり、この結果から**夜間よりも日中の方が出没しやすい**こと、犯行場所は路上がもっとも多いことなどがわかっています。また、こうした露出犯は中年の男性が行うイメージがありますが、**実際には20代の犯人も多いことも明らかとなっています。**

こうした露出を行う心理としては、性的な動機のほかに、「自分の行為によって人に影響を与えたい」という、自己顕示に対する動機も持った犯罪であると考えられています。

日本における露出犯罪の加害者・被害者のデータ

犯行状況

犯行時間	日中	66
	夜間	34
犯行場所	路上	40
	公共施設	22
	駐車場	15
	交通機関内	11
	公園等	7
	住宅地	5

被害者

被害者	女性	75
	男性	10
被害者年齢	～9歳	2
	～19歳	30
	～29歳	34
	～39歳	16
	～49歳	8
	～59歳	7
	～69歳	2
	～70歳以上	1

加害者

犯人年齢	～19歳	3
	～29歳	21
	～39歳	28
	～49歳	23
	～59歳	15
	～69歳	8
	～70歳以上	3
学歴	中卒	26
	高卒	50
	大卒	23
職業	無職	30
	有職	70
婚姻	既婚	30
	既婚子どもあり	2
前科	あり	51
	なし	49

（数値は％）

男性露出犯の犯行特徴と犯人像に関する分析（2014）より

横田ら（2014）が2007年10月から2008年5月の間に露出行動で検挙された415人のケースを対象にしてその犯行状況と属性についての集計を行ったもの。

集計から見える傾向

- 夜間よりも日中の方が出没しやすい
- 被害者は10～20代の女性が多い
- 加害者は20～40代の男性が多い
- 加害者の51％は前科がある

痴漢の動機は欲求不満ではない？

痴漢をやめられない心理

日本における身近な性犯罪のひとつに痴漢があります。痴漢という言葉の指す意味合いは広いのですが、狭義では電車やバスなどの公共交通機関において、尻や陰部などを触る、自分の性器を押しあてるなどの行為を指します。

一般的に**痴漢は、性的欲求を満たすために行われる犯罪だと思われていますが、**一方で痴漢常習者の中には、性欲の発散というよりも**ストレス解消の手段として痴漢に依存しているケースも少なくない**との指摘もあります。

最初はほんの出来心で痴漢を行ったとしても、その結果、気持ちが晴れたり、鬱積が消えたという体験をすると、その後もなにかしらのストレスを抱えた際に、これを解消するために再び痴漢を行うというわけです。このタイプは、**捕まるかもしれないというスリルの中で痴漢を成功させること自体に快感を覚えており、その刺激を求めて痴漢を繰り返します。**

また、常習性を高める要因として、「条件づけ」と「認知のゆがみ」の問題も指摘されています。これらが重なることで、捕まったらすべてを失うリスクがあるにもかかわらず、痴漢をやめられない状態へと陥ってしまうのです。こうしたことから、近年では痴漢は「パラフィリア（性嗜好異常）」の一種と捉え、治療により再犯を防ごうという取り組みも行われています。

痴漢を繰り返してしまう心理

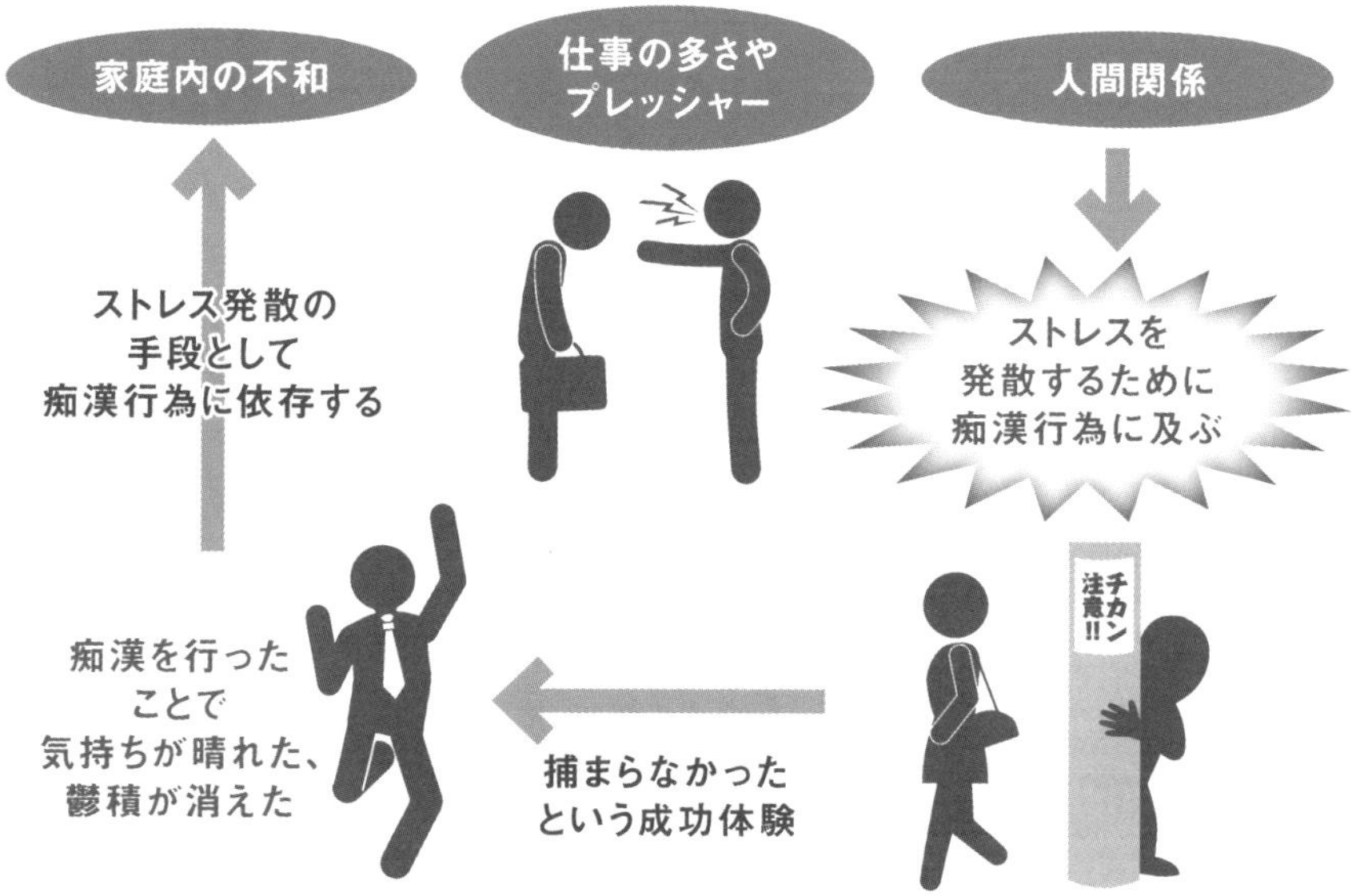

条件づけと認知のゆがみ

条件づけ

満員電車と痴漢が条件付けられると、満員電車に乗っただけで痴漢を行いたいという衝動にかられる。

認知のゆがみ

「痴漢しても抵抗しないのは、触られてうれしいからだ」といった自分に都合のいい解釈を行う。

痴漢はパラフィリア(性嗜好異常)の一種という考え方

痴漢の原因は?

同意のない人に触ったり、身体をこすり付けたりすることで強烈な性的興奮を覚え、これによってストレスが発散されることを学習し、繰り返し痴漢を行うようになる。

➡ 痴漢を一種の行動障害と捉え、治療により再犯を防ぐ取り組みも行われている

Chapter 6

第３章

性犯罪の心理

盗撮犯罪が増え続けているのはなぜ？

スマホの普及がおもな要因

痴漢と並んで日本でよく問題となる性犯罪に盗撮があります。これはスマートフォンやかばんに忍ばせた小型のカメラを使って女性のスカートの中などを撮影したり、更衣室やトイレにカメラを仕掛けて、着替えや用を足すところを撮影したりするというものです。

盗撮はここ数年で急増した犯罪で、警察庁の資料によると平成22年の検挙件数は１７４１件だったのが、令和４年には５７３７件と３倍以上に増加しています。ここまで増えた要因としては、やはりスマートフォンの普及が大きいでしょう。実際、令和４年に検挙された**盗撮犯の約８割はスマートフォンによる犯行**でした。

また、近年ではインターネットを使った盗撮動画の売買も行われており、これも盗撮犯の増加に一役買っていると思われます。つまり、個人的な性的嗜好ではなく、金銭目的のための盗撮です。**高校生が小遣い稼ぎのために学校内で女子生徒のスカートの中や着替えを盗撮し、それをＳＮＳなどで販売するという事例も報告されており、大きな問題となっています。**

昔であれば、たとえ盗撮できる状況だったとしても機材がないために犯行を実行できませんでしたが、いまはその気になれば誰でも簡単に盗撮できてしまいます。そうした機会の増加が、多数の盗撮犯を生み出したといえるでしょう。

盗撮犯に関する検挙状況

盗撮犯に係る検挙件数の推移

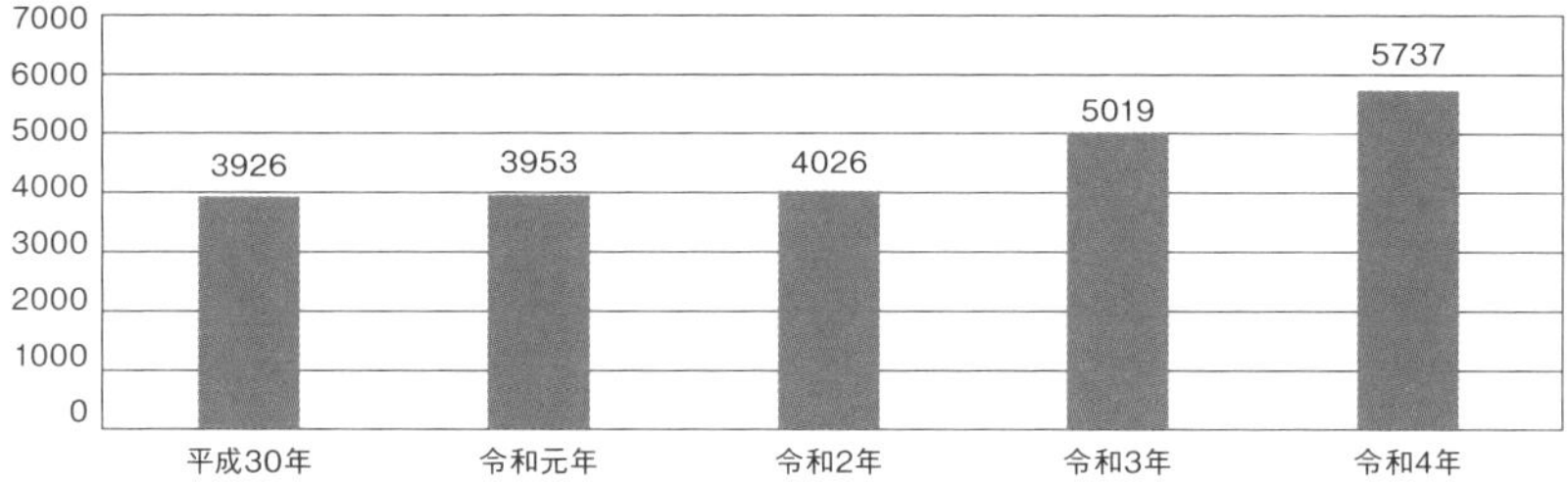

発生時間別の検挙件数

発生時間帯	検挙件数(件)	割合(%)
0～3時	182	3.2
3～6時	62	1.1
6～9時	663	11.6
9～12時	563	9.8
12～15時	957	16.7
15～18時	1461	25.5
18~21時	1086	18.9
21～24時	619	10.8
不明	144	2.5

犯行供用物別の検挙件数

犯行供用物	検挙件数(件)	割合(%)
デジタルカメラ	61	1.1
カメラ付き携帯電話	180	3.1
スマートフォン	4534	79.0
タブレット端末	32	0.6
ビデオカメラ	73	1.3
小型(秘匿型)カメラ	821	14.3
その他	36	0.6

発生場所別の検挙件数

発生場所		検挙件数(件)	割合(%)
駅構内	階段・エスカレーター	1121	19.5
	ホーム	120	2.1
	その他	87	1.5
乗物内	電車等	306	5.3
	バス	66	1.2
	その他	2	0.0
路上		193	3.4
ショッピングモール等商業施設		1208	21.1
書店・レンタルビデオ店		119	2.1
ゲームセンター・パチンコ店		166	2.9
その他の公共の場所		275	4.8
「公共の場所」以外の場所	学校(幼稚園)	75	1.3
	その他	192	3.3
通常衣服を着けない場所(住居、便所、浴場、更衣室等)		1807	31.5

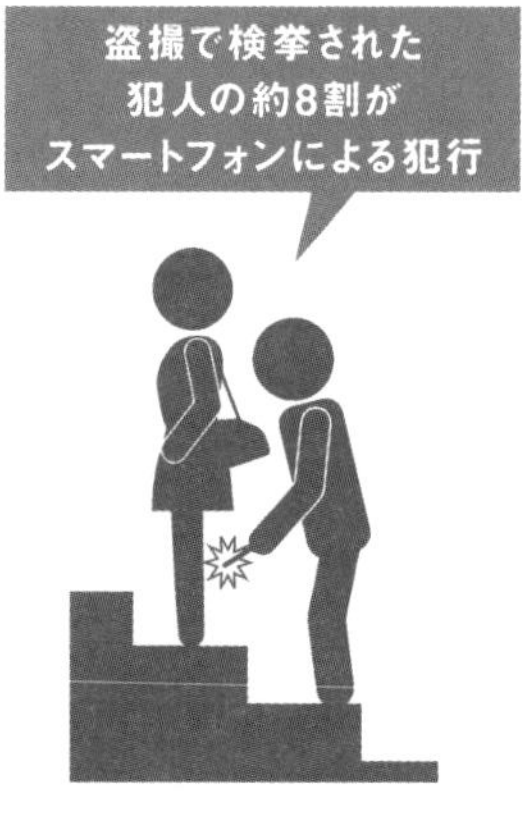

警察庁「令和4年中の迷惑防止条例等違反（痴漢・盗撮）に係る検挙状況の調査結果」より

「子どもへの性犯罪者は中高年男性が多い」は本当か？

半数以上は10～20歳代の犯行

子どもに対する犯罪の中でも、**比較的多いとされているのが性犯罪です。**もっとも多いのが露出犯による性器の露出ですが、体を触られる・服を脱がされるなどの不同意わいせつ、性交やそれに類似する行為を行う淫行あるいはレイプ、裸などを撮影される児童ポルノなど、子どもはさまざまな性犯罪の被害者となります。

また、いわゆる連れ回し事件や監禁事件も、犯人と被害者間にあらかじめ面識がない場合は、その9割近くが性的な犯罪目的であることが知られており、これも性犯罪の一種と捉えることができます。

こうした子どもに対する性犯罪者は、一般的に中高年男性が多いというイメージがあります。しかし、**実際は10～20歳代の犯人もかなり多く、**年少者強姦犯、幼少児誘拐・わいせつ犯のどちらも5割以上は10～20歳代による犯行です。とくに年少者強姦犯は全世代の中でも10歳代の犯行がもっとも多く、イメージと異なっていることがわかります。なお、**犯罪の発生時間は、全体の60～70％が午後3時から午後6時の時間帯**で、マンションの踊り場、公園や商業施設のトイレ、人気の少ない路上などで発生します。たとえばトイレは誰でも入ることができ、かつ中に入ると周囲からは見えない死角となるため、犯罪者にとっては格好の犯行場所のひとつといえます。

子どもに対する性犯罪者の分布

年少者強姦犯

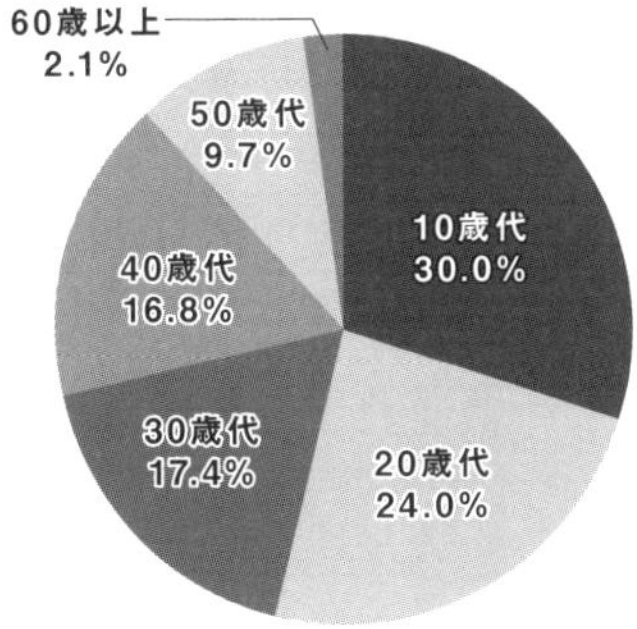

左は年少者強姦犯、幼少児誘拐・わいせつ犯における加害者の年齢をグラフ化したもの。これを見ると、年少者強姦犯の54%、幼少児誘拐・わいせつ犯の56％が20歳代以下の人物によって行われていることがわかる。

『捜査心理学』（編 渡辺昭一）より

幼少児誘拐・わいせつ犯

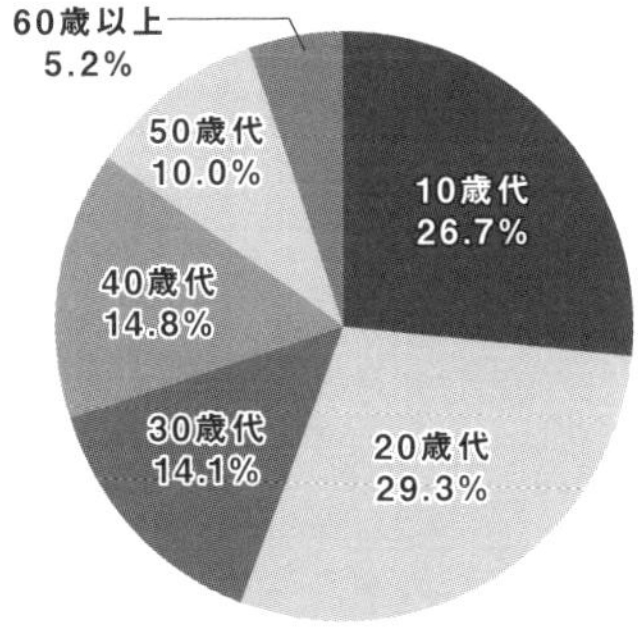

犯罪が行われる時間帯と場所

- 全体の60 ～ 70％が午後3時から午後6時の下校時間帯に発生
- 発生場所はマンション（中高層住宅）、公園、路上など
- 商業施設のトイレなど「入りやすく、見えにくい場所」が狙われやすい

性犯罪者の個人情報を公開する法律がある

メーガン法のメリット・デメリット

性犯罪者の中には、一度逮捕されても再び同じ犯罪を繰り返す者もいます。こうした犯罪者からどう人々を守るかは、社会の大きな課題となっていますが、その対策のひとつに**アメリカで制定された通称「メーガン法」があります。**

これは、常習的な性犯罪者をその危険性に応じて分類した上で、**もっとも危険な性犯罪者については、その氏名、住所、職業などを公開するという法律です。**１９９４年にニュージャージー州でメーガン・カンカという少女が、性犯罪の前科を持つ男性によって殺害される事件が起きたことをきっかけに制定され、その後ほかの州でも同様の法律が作られることになりました。メーガン法については、近隣に性犯罪者がいることを知らせることで、親が子どもらを守れるようになるというメリットが謳われている反面、**メーガン法のせいで前歴者は地域から排除されることになり、これが更生を妨げ、再犯罪をうながす要因になるとの批判もあります。**

実際、メーガン法の対象となった１８３人への調査では、前歴者自身もメーガン法が再犯防止に効果があることは認めている一方で、友人や大切な人を失ったり、孤独を感じたり、職を失ったりといった、更生に重要な要素がメーガン法によって阻害されている現実があることも明らかとなっています。

メーガン法とは

性犯罪者

氏名

住所

犯罪例

↓

公開

メーガン法

性犯罪で有罪になった者が、刑期を終えたあとも氏名や住所、犯罪歴などの個人情報を登録し、住民に公開することを定めた法律の総称。

↓

近隣に性犯罪者がいると知らせることで親が子どもらを守れるようにする

メーガン法が性犯罪者にもたらす影響 (Levinson&Cotter.2005)

雇用主や同僚に性犯罪者であることが知られ職を失った	27%
家主に性犯罪者であることが知られ住居を失った	20%
隣人から脅迫や嫌がらせを受けた	33%
何者かに襲撃された	5%
何者かに家や財産を破壊された	21%
メーガン法のせいで孤独を感じる	64%
メーガン法のせいで友人や大切な人を失った	52%
メーガン法のせいで身の危険を感じる	46%
メーガン法のせいで将来に希望が持てない	72%
メーガン法のせいで再犯が抑えられている	22%
周りから信頼されるために再犯しないように動機づけられる	66%
多くの人が自分の再犯防止のために支えてくれていると感じる	52%
どこに性犯罪者が住んでいるかを知ることでコミュニティは安全になるという考えに同意する	32%

メーガン法によって更生が阻害されることで再び犯罪を行う可能性を高めるとの批判もある

子どもに対する性犯罪者の分類

なぜ子どもを性的対象とするのか

子どもに対する性犯罪もその動機や犯人の行動パターンを分析することによって、いくつかのタイプに分類することができます。こうした分類にはさまざまなものがありますが、代表的なものにマサチューセッツ治療センター分類があります。これは、**子どもに対する性犯罪者を「固執型ペドフィリア」「退行型ペドフィリア」「サディスティック型ペドフィリア」の4つに分類したものです。**

このような分類は犯人の気質や嗜好を読み解く上では参考になりますが、一方でそもそもこうした性犯罪者が、なぜ子どもを性的な対象とするのかについては、ほとんどわかっていません。

この問題について提案されている仮説のひとつとして、**「学習理論」**があります。これは、幼児期に子ども同士の偶発的な性的接触によって、子どもという刺激と性的な快感が条件付けられたという説で、これが性的空想やマスターベーションによって反復強化された結果、子どもに対する性的嗜好が形成されてしまったのだとしています。また、**「精神分析理論」**では、なんらかの理由によって心理的な発達が阻害され、退行を引き起こした結果、自らの劣等感を補償し、優越感や支配感を得るために子どもを性的な対象とするようになったという考えが提案されています。

子どもに対する性犯罪者の分類（マサチューセッツ治療センター分類）

固執型ペドフィリア

- 社会的に未成熟で成人の男性女性と関係を構築するのが苦手。
- 子どもとは人間関係を築くことができ、子どもと接しているときがもっともリラックスする。
- 子どもを触り、愛撫することを望んでいるが性交までは求めないことが多い。
- 面識ある子どもを対象とし、暴力や身体的な強制力は用いない。

退行型ペドフィリア

- 正常な生育歴を持つが、なんらかの理由により男性としての自尊心を傷つけられたり、自信喪失を体験している。
- 性的な問題を抱えていることも多い。
- 通常、面識がなく、自宅から比較的離れたところに住む子どもを狙う。
- 被害児童はほとんどが女児で、性交まで求めることも少なくない。

搾取型ペドフィリア

- 衝動的で気が短く、周囲から避けられているようなタイプの人物。
- 子どもを単なる性的な対象として見ており、自らの性的な欲求を満たすために子どもを求める。
- ありとあらゆる方法で子どもを拉致し、犯行に及ぼうとする。

サディスティック型ペドフィリア

- 相手を攻撃し、痛めつけることで性的な快感を得る。
- 被害児童はほぼ確実に危害が加えられ、場合によっては殺害される。
- 被害児童は男児であることが多い。
- このタイプは少数だが、極めて危険で治療も困難である。

子どもに対する性犯罪の原因

仮説1：学習理論

幼児期に子ども同士の偶発的な性的接触によって、子どもという刺激と性的な快感が条件付けられたという説。

仮説2：精神分析理論

なんらかの理由によって心理的な発達が阻害され、退行を引き起こした結果とする説。

ただし、これらはあくまで仮説であり、なぜ子どもを性的な対象とするのかについては、ほとんどわかっていない

子どもを手なずける「グルーミング」を見逃さないために

知らない間に子どもが被害に

「グルーミング」とは、本来は動物の毛づくろいを意味する用語ですが、**性犯罪においては性的行為を目的とした大人が子どもに近づき、親しくなって信頼を得る行為のことを指します。**

グルーミングの代表的な事例としては、子どもの身近な人物、たとえば教師や部活動のコーチ、習い事の先生といった人物が、その立場を利用してわいせつな行為に及ぶというものがあります。こうした犯人は、一見すると教育熱心な人物のように映ることも多く、保護者もまさかそんな犯罪を行うとは思わず、長期間にわたって児童が被害に遭うケースもあります。

また、最近とくに問題視されているのが、**インターネットを使ったグルーミングです。**これは、ＳＮＳやオンラインゲームなどを通じて子どもと知り合い、悩みごとの相談に乗るなどして信頼を得たのち、直接会ってわいせつな行為に及んだり、裸の画像を送るように指示したりするというものです。子どものＳＮＳでの交友関係について、**保護者がまったく把握していないケースも多く、こちらも知らない間に被害に遭うことが少なくありません。**

こうした犯罪を防止するためには、グルーミングに関する知識を子どもに教えると同時に、普段からその生活の様子をしっかりと見守ることが大切です。

グルーミングのおもな手口

君には見どころがある
特別に個人指導しよう

身近な人物

教師や部活のコーチ、習い事の先生、近所の住人といった顔見知りの人物が、立場を利用して子どもたちが断りにくい状況を作り、体を触るなどの行為に及ぶ。

悩みがあれば
いつでも話を聞くよ

インターネット

SNSやオンラインゲームなどを通じて未成年と知り合い、悩みごとの相談に乗るなどして信頼を得たのち、直接会ってわいせつな行為に及んだり、裸の画像を送るように指示したりする。

面白いゲームが
あるけど
一緒に遊ばない?

面識のない人物

公園などで声をかけて知り合う。ゲームやマンガといった子どもが興味を引きそうなものを与えて親しくなり、人気のない場所などに連れ込んでわいせつな行為に及ぶ。

グルーミング犯の特徴

- 些細な悩みや相談にも親身になって応える
- 相手の意見に対して全面的に共感・肯定し、子どもに安心感や特別感を抱かせる
- 「才能がある」「他の子とは違う」など、相手の承認欲求を満たすようなことを伝える

↓

この人は自分のことを
理解してくれている

とても親切で
信頼できる大人だ

「相手に嫌われたくない」「変なことをするはずがない」という思いから、被害に遭ってしまう

Chapter 11

性犯罪者の更生プログラム

コーピングによる再犯防止法

子どもに対する性犯罪者の矯正については、これまでさまざまなプログラムが実施されてきました。その中で**近年、注目を集めているのが「コーピング」という手法です。**

これは、子どもに対する性的な嗜好自体を治療するのではなく、**犯行の引き金となる要因を特定し、自己統制によって再発を防止する対処法をトレーニングするというもの**です。たとえば、子どもに対する性犯罪者は、犯行に先立って不安感やうつ感覚が生じ、続いて犯行に対する空想・衝動が起き、ポルノを見ながらマスターベーションを行い、最後に空想を実現するために外出するという一連の行動をとることがわかっています。この連鎖が生じてしまえば、最終的に犯行に至ってしまうわけですが、自らこの連鎖の中に入ったことを認識し、**これを断ち切るための方法をとることができれば、犯行を未然に防ぐことができます。**

コーピングは、日本の刑事施設などで実施されている再犯防止プログラムにも導入されており、一定の再犯防止効果があることが認められています。また、再犯をしない方法だけでなく、受講者自身に「なりたい自分（目標）」を設定させ、そこに焦点を当てた指導を行うことで、**受講者の前向きな意欲を引き出し、更生に活用する取り組みも行われています。**

刑事施設における「性犯罪再犯防止指導」本科プログラムの概要

項目	指導内容	高密度	中密度	低密度
第1科：自己統制	・事件につながった要因について幅広く検討し、特定させる。 ・事件につながった要因が再発することを防ぐための介入計画（自己統制計画）を作成させる。 ・効果的な介入に必要なスキルを身に付けさせる。	必修	必修	必修（凝縮版）
第2科：認知の歪みと変容方法	・認知が行動に与える影響について理解させる。 ・偏った認知を修正し、適応的な思考スタイルを身に付けさせる。 ・認知の再構成の過程を自己統制計画に組み込ませる。	必修	選択	—
第3科：対人関係と親密性	・望ましい対人関係について理解させる。 ・対人関係に係る本人の問題性を改善させ、必要なスキルを身に付けさせる。	必修	選択	—
第4科：感情統制	・感情が行動に与える影響について理解させる。 ・感情統制の機制を理解させ、必要なスキルを身に付けさせる。	必修	選択	—
第5科：共感と被害者理解	・他者への共感性を高めさせる。 ・共感性の出現を促す。	必修	選択	—

法務省矯正局・保護局「刑事施設及び保護観察所の連携を強化した性犯罪者に対する処遇プログラムの改訂について（令和4年度〜）」より

コーピング＝対処方法

犯行を実行しないための対処法を学び、実践する

コーピングによる再発防止

認知行動療法等の理論に基づいた処遇プログラムで、「事件（実行）」に至る流れ（サイクル）の各段階において、サイクルから抜け出すためのコーピング（対処方法）を身に付ける。

なりたい自分（目標）の設定

再犯を「しない」方法だけでなく、受講者が今後達成したいと考える目標や受講者の強みにも焦点を当てた指導を行う。これにより、受講者の前向きな意欲を更生に活用する。

ストーカーになるのはどんな人？

約4割は交際相手や配偶者の犯行

ストーカーの警察への相談件数は毎年2万件近くもあります。加害者の多くは20～40代の男性ですが、**近年は高齢者によるストーカーも増加しており、80代の男性が20代の女性をストーキングした事例もあります。**

こうしたストーカーは一般的に恋愛感情のもつれが動機とされていますが、どのような人物がストーカーになるのでしょうか。これについては、多くの研究者がストーカーのタイプ分けを行ってきました。たとえばミューレンらは、ストーカーをターゲットや動機、行動パターン、加害者の性格などに応じて、「拒絶型」「憎悪型」「親密希求型」「無資格型」「捕食型」の5つのタイプに分類しています。

このうち、**日本でもっとも多いのは「拒絶型」に分類される、元交際相手や元配偶者をストーキングするタイプ**です。令和4年の警察庁の統計ではストーカーの44・2％は交際相手（元含む）または配偶者（内縁・元含む）による犯行でした。なお、犯人と被害者がもともと親密な関係にあった場合、犯人に人格障害、薬物中毒、前科、暴力歴があった場合、被害者に対して脅迫があった場合は、**ストーカー行為が傷害や殺人にエスカレートする危険度が高くなる**ことがわかっているため、早急に警察に相談することが重要となります。

ストーカーのタイプ（Mullen et al.,2000）

拒絶型

- 元交際相手や元配偶者をストーキングするタイプ。
- 相手から別れを切り出されたことをきっかけに開始されることが多い。
- 復縁したいという欲求を持っているが、それが不可能になった場合は、傷害やレイプ、殺人といった危険な行為に及ぶこともある。

親密希求型

- 自分と被害者が恋愛関係にあるといった妄想を抱き、これに基づいて被害者につきまとう。
- このタイプは、妄想を伴う精神障害を持っていることが多い。
- 合理的な説得によってこうした妄想を消すことは困難である。

捕食型

- レイプや性的殺人などを行うための情報収集として、選定した被害者につきまとう。
- 相手に自分の存在を悟られずに情報を収集するのが目的であるため、被害者が被害に遭っていることに気付いていないという特徴がある。

憎悪型

- 日頃からストレスや不満をためやすい人物が、ちょっとしたきっかけ（足を踏まれた、無視された、軽くあしらわれたといったなど）で不満を爆発させ、相手に対して嫌がらせを行う。
- 多くの場合、犯人は自分の正体を隠し、相手が苦しんでいるのを見たり、想像したりして満足する。

無資格型

- 人間関係において相手の立場に立ってものごとを見ることが苦手なタイプによるストーカー行為。
- サイコパス的な無資格型は、被害者に対して一方的な求愛活動を繰り返し、それに対する見返りがないと、暴力やレイプなどの行為に出る場合がある。

その他のタイプ

- 発達障害のために相手の気持ちを汲んだ柔軟な対応ができず、恋愛においてしつこい態度をとってしまうなど結果としてストーカー行為を行うケース。
- 恋愛に対するスキル不足のためにしつこい行動や不審な行動をとってしまうケース。
- 俳優やアイドル、スポーツ選手、アナウンサーなど有名人をターゲットとしたケース。

ストーカー規制法

「ストーカー規制法」とは、つきまといや待ち伏せといったストーカーを行う者に対し、警告や禁止命令を与え、悪質な場合は逮捕できる法律です。1999年に埼玉県で女子大生が元交際相手らによってストーカー行為を受けたのち、殺害されるという事件が起きたことをきっかけに、2000年に制定されました。この法律におけるストーカー行為とは、具体的には下の「つきまとい等又は位置情報無承諾取得等」にある【ア】～【コ】のことで、単につきまとう行為だけでなく、監視していると告げる行為、相手が拒否したにもかかわらず連続して電話やメールをする行為、GPS機器等を取り付ける行為なども対象となります。違反した場合、1年以下の懲役または100万円以下の罰金が科せられ、さらに禁止命令等に違反してストーカー行為をした場合は、2年以下の懲役または200万円以下の罰金とより重い刑が科せられます。

つきまとい等又は位置情報無承諾取得等

【ア】つきまとい、待ち伏せ、押し掛け、うろつき等
【イ】監視していると告げる行為
【ウ】面会や交際の要求
【エ】乱暴な言動
【オ】無言電話、拒否後の連続した電話・ファクシミリ・電子メール・SNSメッセージ・文書等
【カ】汚物等の送付
【キ】名誉を傷つける（中傷したり名誉を傷付けるような内容を告げたりメールを送るなど）
【ク】性的しゅう恥心の侵害（わいせつな写真を自宅等に送り付ける、電話や手紙で卑わいな言葉を告げる）
【ケ】GPS機器等を用いて位置情報を取得する行為
【コ】GPS機器等を取り付ける行為等

こうした行為を繰り返して行うことを「ストーカー行為」と規定し、罰則を設けている

ただし「つきまとい等又は位置情報無承諾取得等」の【ア】から【エ】及び【オ】（電子メールの送受信に係る部分に限る）までの行為については、身体の安全、住居等の平穏若しくは名誉が害され、又は行動の自由が著しく害される不安を覚えさせるような方法により行われた場合に限る。

第4章

DV・虐待の心理

Chapter

第4章

DV・虐待の心理

配偶者や恋人に暴力を振るうのはなぜ？

DV加害者のタイプと動機

DV（ドメスティック・バイオレンス）と聞くと、殴る・蹴るなどの暴力行為を思い浮かべる方も多いことでしょう。しかし、DVの範囲はこうした**「身体的暴力」だけではなく**、殴るそぶりをしたり、大声で怒鳴りつけたりする**「間接的暴力」**、避妊の拒否や中絶の強要といった**「性的暴力」**、見下したような言い方をしたり、人前で侮辱したりする**「言語的暴力」**、携帯電話やメールのチェック、交友関係の制限などの**「支配・監視」**、盗聴や盗撮、待ち伏せなどの**「つきまとい・ストーキング」**、自分のために働かせる、金銭の管理権を奪うなどの**「経済的暴力」などもDVに当たります。**なお、こうしたDVはどれかひとつのみが行われるのではなく、「身体的暴力」「性的暴力」「経済的暴力」が同時に行われるといったように、複数の種類のハラスメントが複合的に発生します。

こうしたDVを行う背景にはさまざまな動機が絡んでいますが、大きく分けるとDV加害者には「パワー優位」と「コントロール優位」のふたつのタイプがあり、さらに「男性優越思想型」「補償型」「精神的な支配型」「不安定型」の4つに分類することができます。このような分析を基に、**加害者がどのような動機でDVを行っているかを把握することが、DV対策では不可欠といえるでしょう。**

DVの種類と加害者のタイプ

DVの種類

身体的暴力

殴る・蹴る、凶器を突きつける、髪を引っ張る、引きずり回すなど

間接的暴力

殴るそぶりをして脅す、大声で怒鳴りつける、机や壁を殴る蹴るなど

性的暴力

強姦（レイプ）、避妊の拒否、中絶の強要、裸の写真の撮影の強要など

言語的暴力

見下したような言い方をする、人前で侮辱する、無視をするなど

支配・監視

携帯電話やメールのチェック、交友関係や買い物の制限・チェックなど

つきまとい・ストーキング

実家やアパートに押しかける、待ち伏せする、盗聴や盗撮をするなど

経済的暴力

お金を要求する、自分のために働かせる、金銭の管理権を奪うなど

さまざまな種類のハラスメント行為が
複合的に発生する

DV加害者のタイプ

パワーが優位なタイプ

男性優越思想型

「男は女よりも偉い。女は男に支配されて当然である」などの男性優越思想を持つ。身体的暴力、性的暴力など力と脅迫によって関係を維持する。

補償型

仕事や日常生活での不満を交際相手にぶつけてうっぷんを晴らすタイプ。 身体的暴力、性的暴力だけでなく、心理的暴力、経済的暴力なども行う。

コントロールが優位なタイプ

精神的な支配型

高いプライドを持っているが内心では自信がなく、常に相手の行動を監視したがる。自分の思い通りにならないと逆ギレする。

不安定型

過度な愛情と過度な憎しみが共存しているタイプ。「〜してくれなければ自殺する」などの言動で精神的に相手を苦しめて追い詰める。

「DVを受けているなら別れればいい」が簡単でない理由

DVを受けても別れない心理

DV被害者の中には、**繰り返し暴力を受けているにもかかわらず、なかなか別れずに被害を受け続けるケースもあります。**第三者から見ると、なぜすぐに別れないのかと理解しにくいものですが、その要因としては次のような心理的作用があると考えられます。

ひとつはDVのサイクルです。DV加害者は相手に対して常にDVを行っているわけではなく、**「緊張形成期」「爆発期」「開放期」という3つのサイクルを繰り返す**ことがわかっています。DV被害者は「爆発期」に暴力を振るわれることで別れを考えますが、その後の「開放期」に優しくされたり、加害者から二度と暴力は振るわないと泣いて謝られたりすることで、もう一度信じてみようと考えるため、ズルズルと関係を継続してしまいやすいのです。

また、こうしたサイクルが繰り返されると、被害者は**DVから逃れること自体をあきらめる「学習性無力感」**や、自分の中で**DVを受ける理由を作りだす「合理化・自己洗脳」**といった状態に陥ることがあります。ほかにも経済的理由や「別れるなら殺す」といった脅迫など、別れられない理由はいろいろとあります。いずれにせよ、こうなると自力でDVから逃れることは困難なため、**周囲の人がすぐに専門機関に相談するなどの対応が必要です。**

DVのサイクル

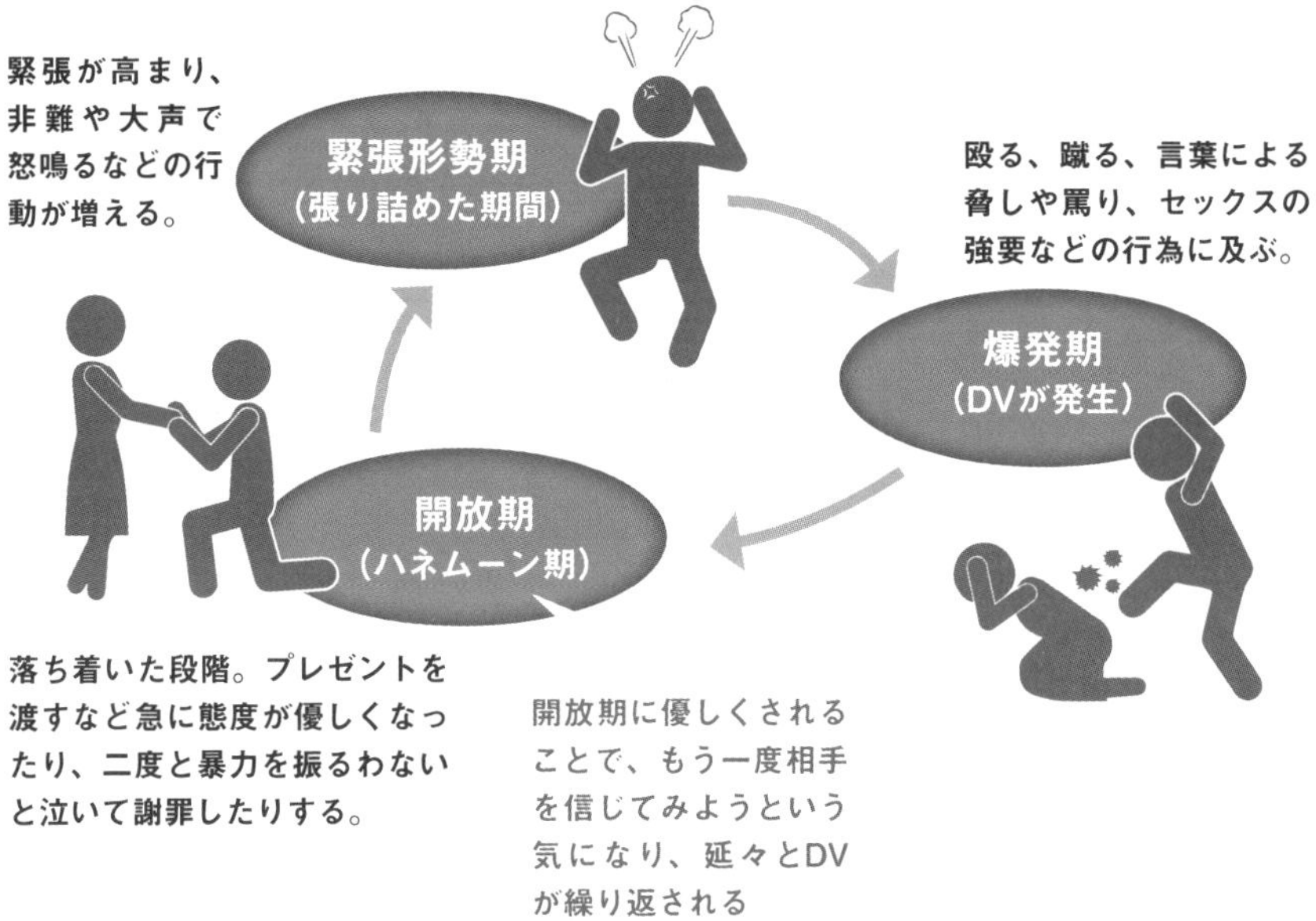
緊張が高まり、非難や大声で怒鳴るなどの行動が増える。
緊張形勢期
（張り詰めた期間）
殴る、蹴る、言葉による脅しや罵り、セックスの強要などの行為に及ぶ。
爆発期
（DVが発生）
開放期
（ハネムーン期）
落ち着いた段階。プレゼントを渡すなど急に態度が優しくなったり、二度と暴力を振るわないと泣いて謝罪したりする。
開放期に優しくされることで、もう一度相手を信じてみようという気になり、延々とDVが繰り返される

学習性無力感と合理化・自己洗脳

もう
どうしていいのか
わからない……
暴力を
振るわれるのは
自分が
悪いからだ

学習性無力感

最初は相手がDVを行う原因を自分なりに探して、懸命に問題を解決しようとする。しかし、なにをやっても結局はまた暴力を振るわれてしまう。次第にどうすればいいのかわからなくなり、無力感に襲われる。

合理化・自己洗脳

「彼が暴力を振るうのは自分が無能だからだ」「私を愛してくれているからこそ、厳しく接している」「相手の生い立ちは不幸だから仕方がない」など、相手の行動を自分なりに納得する理由を作り上げる。

第4章 児童虐待の最大の原因は貧困にある？

貧困家庭は虐待リスクが高い

日本でも定期的に虐待による児童の死亡事件が発生し、その度に行政や学校の対応が問われるなど、大きな社会問題となっています。こうした虐待が行われる背景としては、「親の要因」「子どもの要因」「家族をとりまく要因」の３つがあり、これらが重なることで虐待リスクが高まるとされています。

その中でもとくに**虐待の大きな要素と考えられるのが家庭の貧困**です。たとえば、全国児童相談所長会『全国児童相談所における家庭支援への取り組み状況調査』（２００９年）によれば、虐待につながると思われる家庭・家族の状況としてもっとも割合が高かったのは「経済的な困難」（33・6％）で、以下「虐待者の心身の状態」（31・1％）、「ひとり親家庭」（26・5％）、「夫婦間不和」（18・3％）、「不安定な就労」（16・2％）などが続きます。

また、２０１３年の全国児童相談所長会の調査でも、「経済的な困難」は26・0％と依然として高く、さらに虐待別に見た調査では**ネグレクトの場合は「経済的な困難」**が45・7％と非常に高い割合を占めており、貧困が虐待につながる重要な要素であることが示されています。

家庭ごとの経済的な支援はもちろん、社会全体の経済の底上げを行うことが、虐待防止のための大きなポイントのひとつといえるでしょう。

児童虐待の種類とリスク要因

児童虐待の種類

身体的虐待

殴る、蹴る、叩く、高いところから落とす、激しくゆさぶるといった、子どもの身体や生命に危険を生じさせる行為を行う。

心理的虐待

子どもの心を傷つけるような言動、大声や脅迫、存在を無視する、兄弟間で差別的扱いをする、子どもの前でDVを行うなど。

ネグレクト

適切な食事を与えない、長期間同じ服を着させ続ける、極端に不潔な環境で生活させる、病気でも医者にみせない、学校に行かせない、長時間子どもを放置するなど。

性的虐待

性関係を強要する、性器を露出させる、性的行為を見せる、ポルノなどの被写体にするなど。

児童虐待のリスク要因

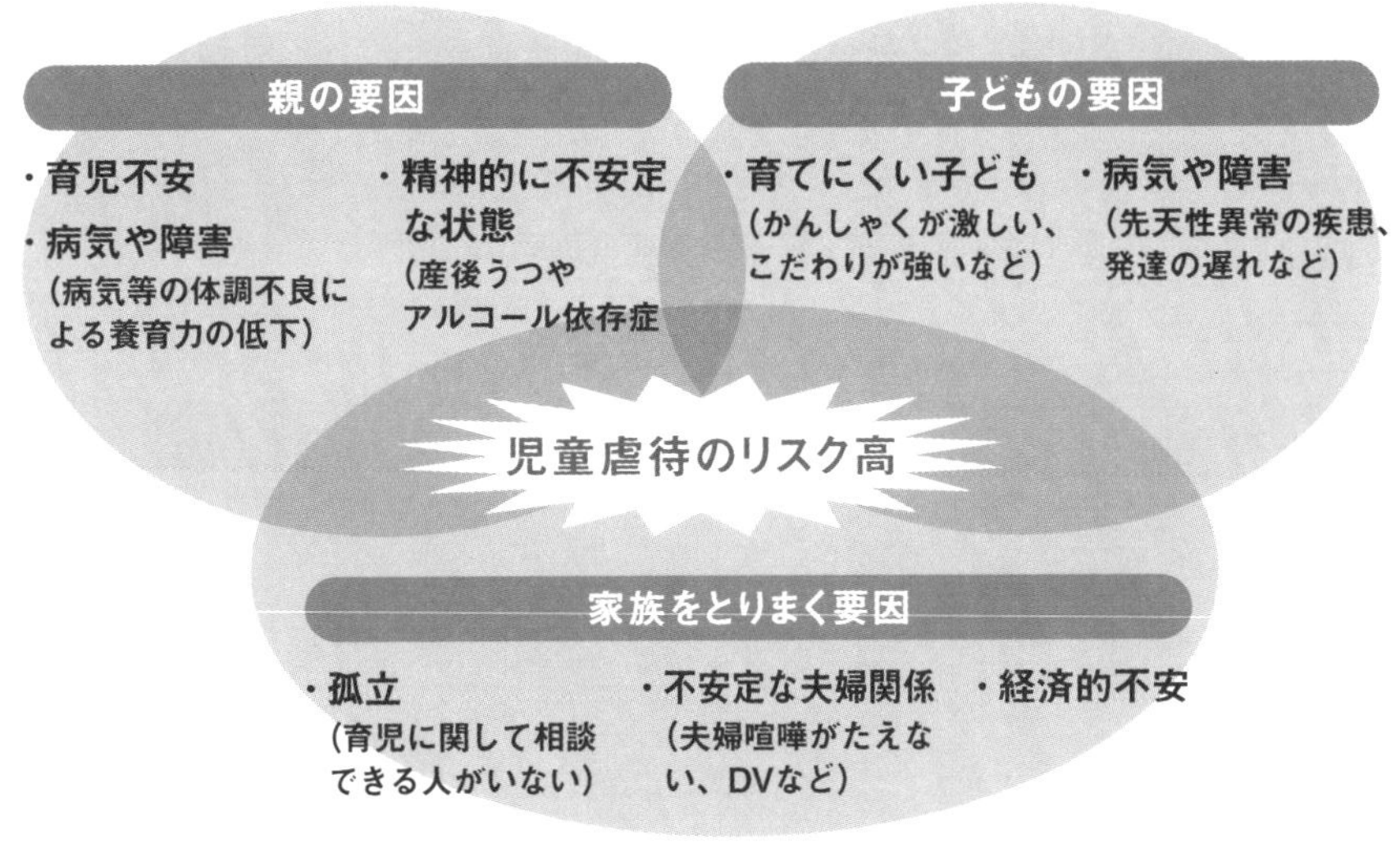

Chapter 4

第4章

「いい親」アピールのために我が子をわざと傷つけて看病する

DV・虐待の心理

代理によるミュンヒハウゼン症候群

児童虐待のひとつに、「代理によるミュンヒハウゼン症候群」があります。これは、親が周囲からの関心や同情を引くために、自分の子どもは難病であるといった虚偽の報告をしたり、あるいは故意に自分の子どもを病気にさせたりといったことを継続的に行うというものです。

そもそも「ミュンヒハウゼン症候群」とは、「疾病利得」を得るために自ら病気になったふりをする**虚偽性障害のこと**を指します。ここで言う「疾病利得」とは、学校や仕事に行かなくて済むとか、周囲から優しくしてもらえるといった、病気であるが故に得られるメリットのことです。これと同様に「代理によるミュンヒハウゼン症候群」では、病気の子どもを献身的に看病する「よい親」を演じることで、周囲から称賛を浴びたり、親切にされたりするといったことが「疾病利得」となります。

この虐待は、初めは検査結果をごまかすなど、**実際は健康な子どもを病気に見せかける形でスタート**しますが、次第に実際に子どもを病気にする行動をとるようになり、**やがて周囲の注目を引き続けるために子どもの病状も重くなっていく**パターンがよく見られます。その結果、子どもが死亡すると、今度は兄弟など別の子どもへと対象が移ることも多く、極めて深刻な虐待の形態といえます。

代理によるミュンヒハウゼン症候群（MSbP）

代理によるミュンヒハウゼン症候群の特徴

虚偽

- 子どもを病院へ連れて行き、存在しない嘘の症状を申告する
- 周囲の人に自分の子どもは病気であるとふれまわる

ねつ造

- 体温計を操作して高体温を装う、子どもの尿に自分の血液を混ぜて血尿を装うなど、人為的に検査所見をねつ造する
- 子どもに薬物等を飲ませる、点滴に異物を混入させるなどして、人為的に子どもの身体不調や病的状態を作り出す
- 故意に子どもに怪我をさせる

代理によるミュンヒハウゼン症候群の心理

献身的に子どもを看病する
「よい親」を演じる

↓

周囲からの関心や同情が集まる

↓

人々から称賛される、親切にされるといった
「疾病利得」を得る

↓

「疾病利得」を得るために
継続的に子どもに対して病気のねつ造などの
虐待を繰り返す

虐待を受けた子どもは親になったときに虐待する？

「虐待の連鎖」は本当にあるのか？

親が虐待をしてしまう原因としてよく言われることのひとつに、**「虐待の連鎖」**と呼ばれるものがあります。これは、**虐待を受けて育った子どもは、自身が親になったときに同じように子どもを虐待してしまうというものです。**

その理由としては「子どもの頃の被虐待体験がトラウマとなり、親になったときにそれを再現してしまうから」とか「暴力的な育児スタイルを学習してしまうから」といったことが言われていますが、実際のところこのような「虐待の連鎖」は本当にあるのでしょうか？

これについては、ウィドムの研究があります。彼は1967年から1971年にアメリカ中西部の大都市圏の地方裁判所に記録された903件の子ども虐待のケースすべてを追跡。被害児童が親になったときに、どのような犯罪を犯しているか、また自らも子どもを虐待しているのかを調査し、虐待を受けていない667人のグループ（統制群）と比較しました。

その結果、虐待を受けた男性は成人になったときに統制群と比べて暴力犯罪を犯す傾向があることはわかりましたが、**虐待をして検挙される割合は男女とも統制群とほぼ変わりませんでした。**つまり、この調査からは「虐待の連鎖」という現象は確認できない、ということが明らかとなったのです。

虐待の連鎖は本当か？

虐待の連鎖とは

虐待を受けて育った子どもは、自身が親になったときに同じように子どもを虐待してしまうという説。

虐待の連鎖の原因としてよく言われること

- 被虐待体験がトラウマとなり、それを再現してしまうから
- 暴力的な育児スタイルを学習してしまうから

↓

実証的な研究を行ってみると、虐待を受けたからといって必ずしも子どもを虐待するわけではないことが判明

統制群と比較すると、虐待を受けた男性は成人になったときに暴力犯罪を犯す傾向があることはわかったが、虐待をして検挙される割合はほぼ変わらなかった。

虐待を受けた子どもと統制群の子どもがその後、暴力犯罪、虐待で検挙された割合の比較

検挙	性別	虐待を受けた子ども	統制群
暴力犯罪での検挙	男性	15.6%	10.2%
	女性	1.7%	2.1%
虐待での検挙	男性	2.0%	1.8%
	女性	0.2%	0.3%

（Widom、1989）

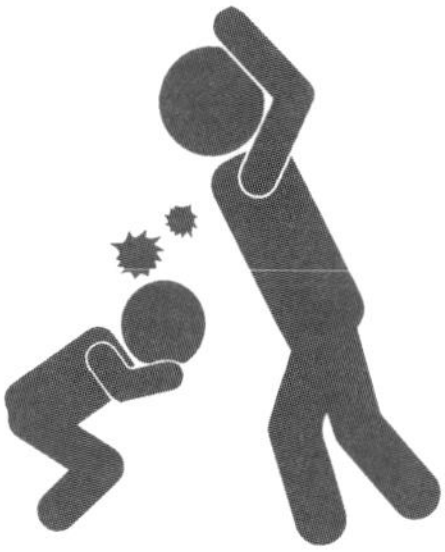

二世代にわたって虐待が行われる場合でも、その原因は過去の虐待の連鎖というよりは、二世代に共通する経済的・社会的問題にある。そのため、社会的サポートによって虐待の連鎖を断ち切ることは十分可能である。

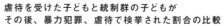

高齢者への虐待や介護殺人はなぜ起きるのか？

介護を行う人への支援が必要

高齢化社会の日本において、**高齢者への虐待や介護殺人はけっして他人事ではない、大きな社会問題のひとつです。**高齢者虐待のケースとしては、排泄などの失敗に対して身体的暴力を振るう、そのまま放置するといったものや、認知症で徘徊のある高齢者を部屋に閉じ込めたり、拘束したりするといったものがあります。

こうした虐待の背景を理解する上で知っておきたいのが、認知症の人と家族の会の杉山孝博医師による認知症介護の家族がたどる4つの心理的ステップです。これは、「第1ステップ：とまどい・否定」「第2ステップ：混乱・怒り・拒絶」「第3ステップ：割り切り・あきらめ」「第4ステップ：受容」というもので、要介護者の家族はこの順番で心理状態が変化していくとされます。このうち、**虐待や介護殺人が発生しやすいのは第2ステップの時期**で、とくに自分ひとりで介護を行わなければならない場合、介護疲れによるストレスやうつなどによって心理的に追い詰められやすくなります。そして、ひとりで悩みを抱えたまま将来を悲観し、最終的に介護殺人や心中といった選択を行うことにもつながります。**これを防止するには、社会的なサポートが不可欠**で、要介護者だけでなく、介護を行う家族自身への支援を充実させていくことが必要との指摘がなされています。

認知症介護の家族がたどる4つの心理的ステップ

第1ステップ とまどい・否定

家族のおかしな言動にとまどい、否定しようとする。周囲に打ち明けられず、ひとりで悩む。

第2ステップ 混乱・怒り・拒絶

認知症の症状に振り回され、精神的・身体的に疲労困ぱいする。認知症への理解不足から、どう対処してよいのかわからず混乱したり、怒りの気持ちがわきあがって怒鳴ったり、叱ったりする。認知症の人に対する拒絶感や絶望感に陥りやすくなる。

虐待や介護殺人はこのステップで発生

介護殺人のおもな動機

- 将来への不安や絶望
- 長年の介護によるストレス、介護疲れ
- うつなどの心神耗弱
- 経済的な困窮

第3ステップ 割り切り・あきらめ

イライラしても仕方がないと割り切る。または、なるようにしかならないといった、あきらめの境地に至る。

第4ステップ 受容

認知症に対する理解が深まり、認知症の人を家族の一員として受け入れることができるようになる。

Column

動物虐待での検挙が急増している？

近年、急増した犯罪のひとつに動物虐待があります。警察庁によると、動物虐待の検挙数は平成25年（2013年）は36件でしたが、令和4年（2022年）には166件と4倍以上にも増えています。これは、2019年の改正動物愛護管理法によって、獣医師は動物虐待と思われるものについての通報が義務化されたことなどが背景にあると考えられます。

なお、動物虐待についてよく言われることのひとつに、動物虐待は殺人などの重大犯罪の予兆であるというものがあります。実際、海外では殺人やレイプといった反社会的行為と動物虐待の関連を示す調査は複数あり、たとえばFBIの調査では、連続殺人犯の46％が思春期に動物虐待の経験があることがわかっています。ただし、こうした調査はあくまで殺人犯などの中での割合を調べたもので、一方で「動物虐待の経験はあるが殺人は行っていない者」も大勢いるはずですが、そちらの存在は考慮されていません。こうしたことから、動物虐待＝重大犯罪のリスク要因と決めつけるのは問題があるとの指摘もあります。

動物虐待事（動物愛護管理法第44条違反）の検挙事件数の推移

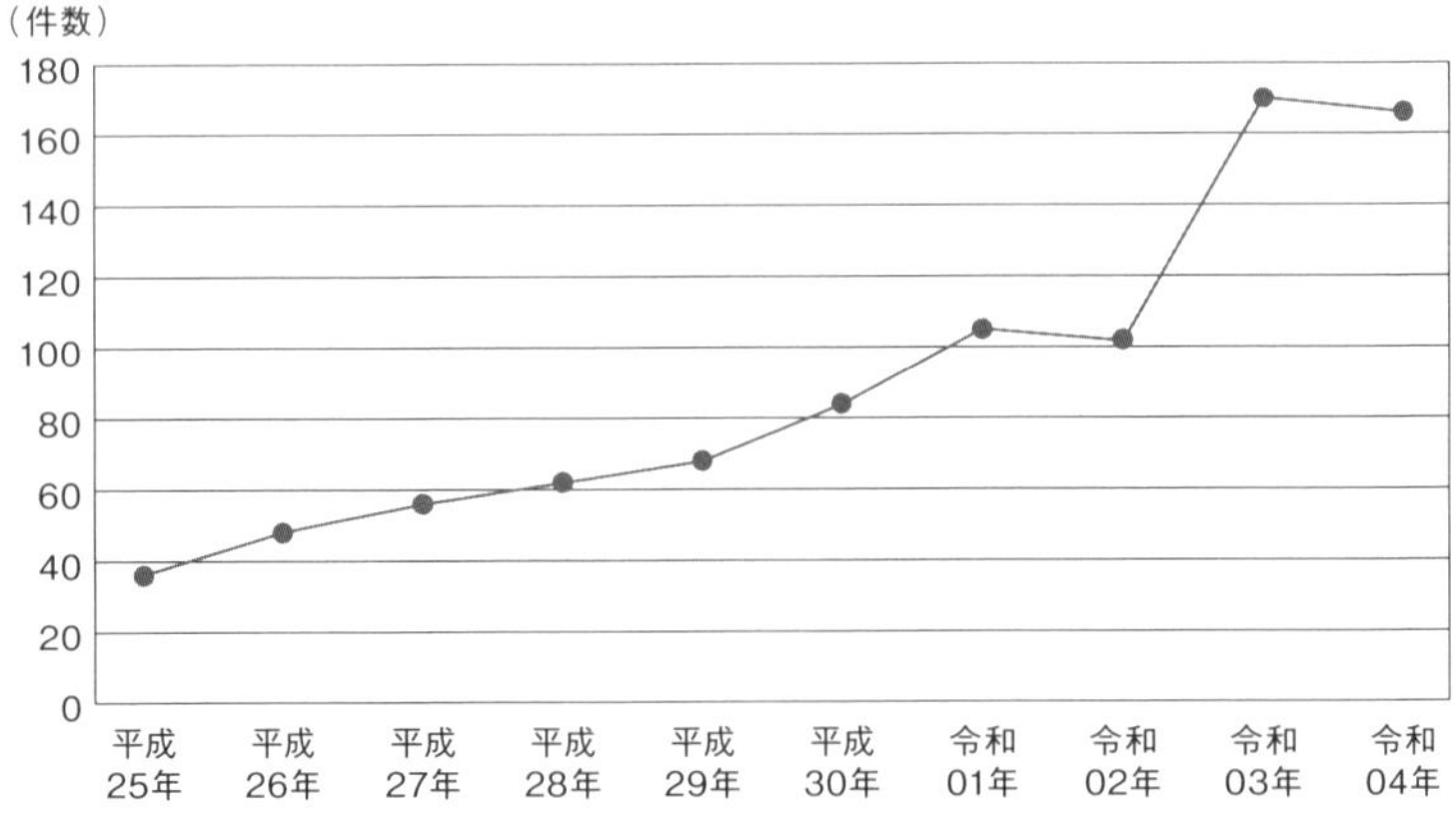

警察庁「令和4年における 生活経済事犯の検挙状況等について」より

第5章

さまざまな
犯罪の心理

窃盗で狙われやすいのはどんな家？

犯人はお金の有無より捕まりにくさを重視

空き巣などの窃盗では、**お金がありそうな家よりも「捕まりにくい家」が狙われる**とされています。もちろん、侵入した家にたくさんのお金があれば申し分ないですが、どれだけお金があっても捕まってしまったのでは元も子もありません。

とくに犯人が気にするのが、周囲の目です。実際に侵入窃盗犯を対象とした調査では、犯行をあきらめた理由の約6割が「声をかけられたから」と答えています。つまり、近隣住民同士が顔なじみで、近所づきあいが盛んな地域は、犯人にとって犯行を行いにくい場所といえるわけです。

また、犯人の侵入経路は、カギがかかっていない無施錠以外だと、ガラスを破って窓から侵入するケースがもっとも多くなっています。そのため、窓のクレセント錠の位置が開けやすい位置にあり、かつその窓が周囲から見えにくい死角になっている家は、犯人にとってはうってつけのターゲットになっているのです。

なお、**犯人にとってもっとも避けたいのは、住居への侵入を他人に発見され、通報されることです。**実際、約7割の犯人が5分以内に侵入できなければ、犯行をあきらめるというデータもあります。窓に面格子や補助錠をつけることは、有効な空き巣対策といえるでしょう。

窃盗犯の実態

犯行をあきらめた理由

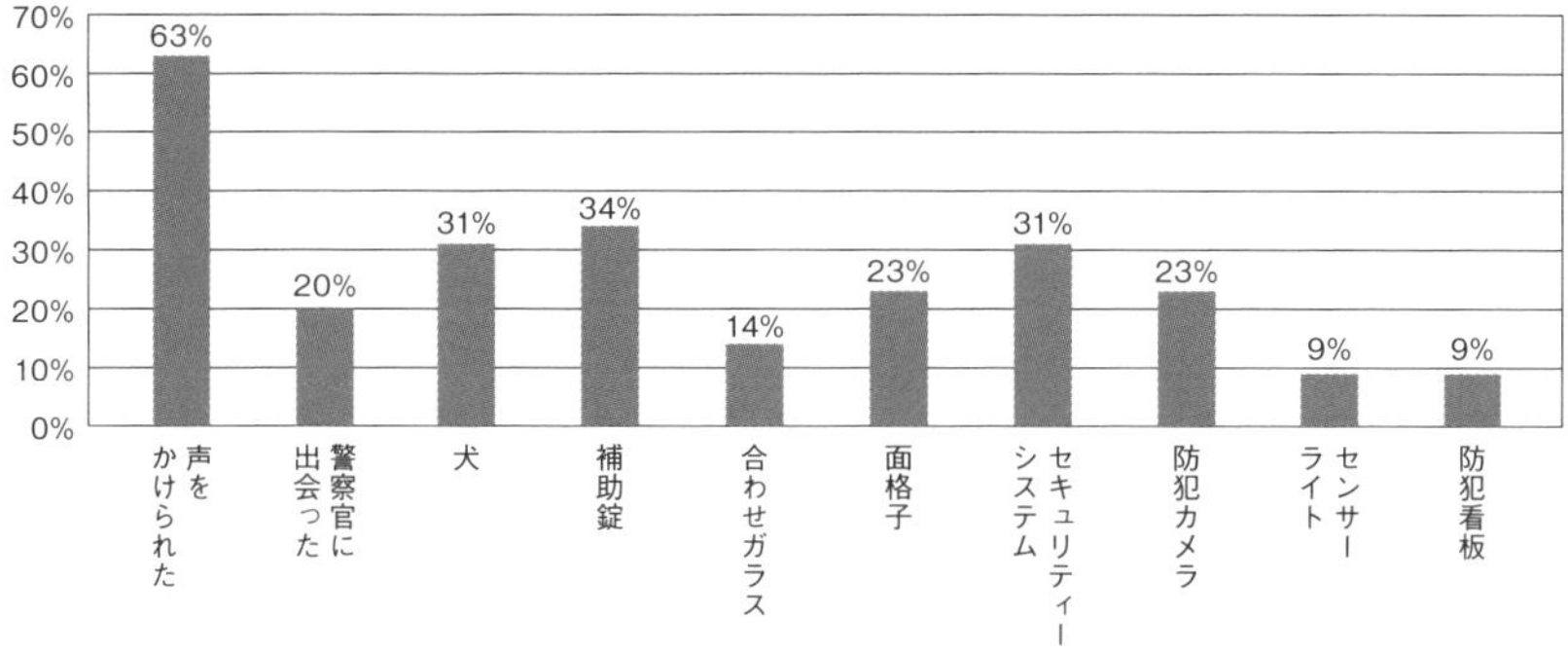

（財）都市防犯研究センター「JUSRIレポート別冊NO.17防犯環境ハンドブック」より

一戸建て住宅の侵入手口

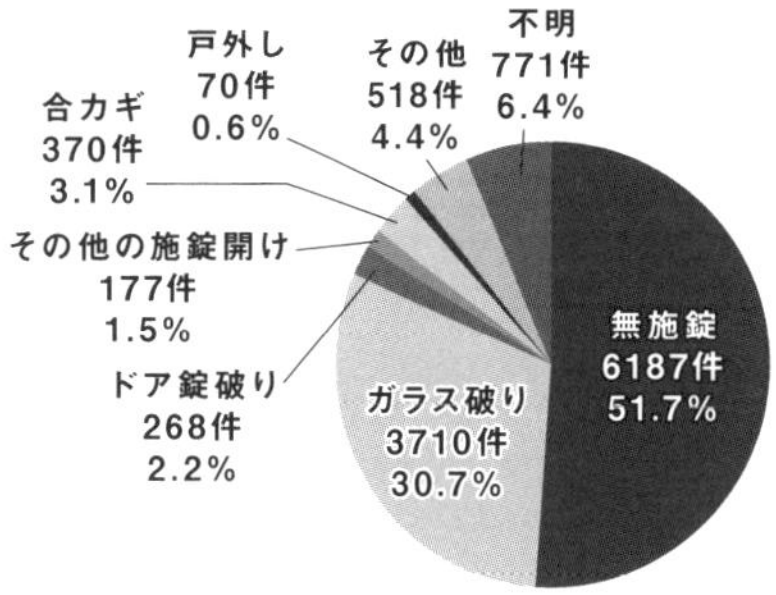

警察庁HPより

侵入をあきらめる時間

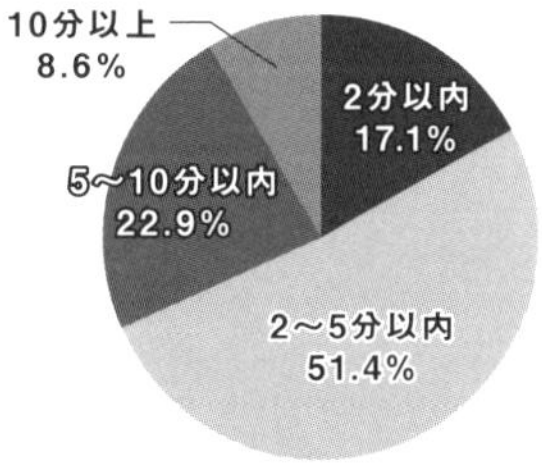

（財）都市防犯研究センター「JUSRIレポート別冊NO.17防犯環境ハンドブック」より

無施錠以外だと
窓からの侵入が
もっとも多い

約7割の犯人は
5分以内に侵入
できないとあきらめる

侵入されやすい家の特徴

- 庭木など死角になるものがある
- 侵入するための足場になるものがある
- 窓のクレセント錠の位置が開けやすい位置にある
- 犬がいない
- 駅に近く逃走しやすい
- 立ち話をしている人や通行人が少ない

Chapter 2

お金があるのに万引きしてしまう理由

万引きを行う動機

万引きはコンビニやスーパー、書店といった小売店から商品を盗み出す行為のことです。**万引き犯でもっとも多いのは青少年ですが、最近では高齢者による犯行も増加しています。**

こうした万引きは「欲しいものがあるが、お金がない」ために犯行に及ぶイメージがありますが、**現在の万引きでは経済的な理由が動機のものはあまり多くありません。**実際、警視庁の調査では全体の約5割、高齢者に至っては約7割が、支払い能力があるにもかかわらず万引きを行っています。その動機としては、手持ちのお金は別の目的で使いたいという節約のための万引き、盗んだものを売る転売目的の万引き、犯行の際のスリルを味わうための万引き、青少年の非行による万引き、**「クレプトマニア」と呼ばれる、物を盗みたいという強い衝動に駆られて行う万引きなどがあります。**

また、高齢者の万引きが増加している背景には、社会からの孤立があるという意見もあります。事実、東京都の「万引きに関する有識者研究会」の調査では、65歳以上の万引き犯のうち「一人暮らし」は56・4%、「交友関係を持つ人がいない」と答えた人は46・5%を占めており、こうした高齢者にとっては、**万引きが社会との唯一のコミュニケーション手段になっている可能性があるとの指摘もなされています。**

万引き犯の実態と分類

万引き犯の支払い能力の有無

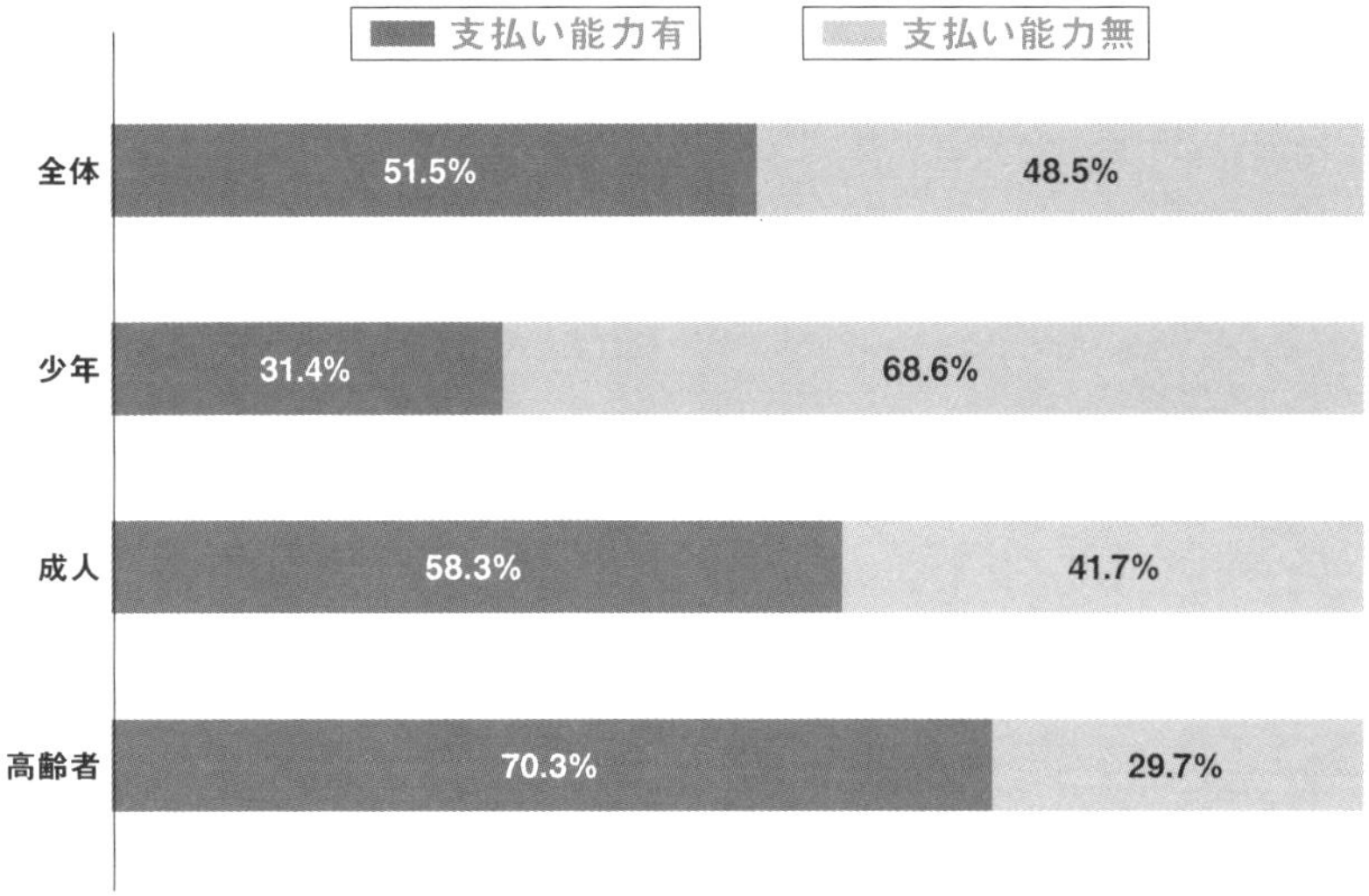

警視庁「万引き被疑者等に関する実態調査分析報告書（平成26年度調査）」より

全体の約5割、高齢者の約7割は
支払う能力があるのに万引きをしている

万引き犯の分類

- 欲しいものを窃取する万引き
- 生活のための万引き
- 節約のための万引き
- 転売目的万引き
- 非行による万引き
- スリルを求めてする万引き
- クレプトマニアによる万引き
- 孤独のための万引き
- 虐待のサインとしての万引き

節約、転売、非行、スリル、クレプトマニア、
孤独などの場合、購入する金銭があっても
万引きを行ってしまう

Chapter 3

第5章

さまざまな犯罪の心理

強盗犯がターゲットにするのはどんなところ？

強盗が好む店舗の条件

強盗は、暴力や脅迫を用いて他人の財産を強奪する犯罪です。こうした**強盗犯がターゲットとなる場所を選ぶ際は、空き巣と同様に、逃げやすく捕まりにくい場所であるかどうかが重要な要素となっています。**たとえば、イギリスでの７３４件の銀行強盗について分析した調査では、一度被害に遭った支店の50％が3年以内に再び被害に遭っており、中には6年間で5回も強盗に入られた支店もありました。その一方で、同じ町にありながらまったく被害に遭ったことのない銀行も存在しており、明らかに強盗犯に狙われやすい支店があることがわかります。

犯人がターゲットを決める要因としては、防犯システムが十分でない、店舗の前に車を止めやすい、身を隠せる場所がそばにある、逃走ルートが複数ある、逃走を困難にするような交通量の多い交差点や鉄道の踏切がない、警察からのアクセスが悪いといったことが挙げられ、**これらの条件が揃っている場所が狙われやすい**と考えることができます。

なお、強盗犯はその計画性と衝動性の有無によって大きく「プロフェッショナルタイプ」「盗賊タイプ」「カウボーイタイプ」の3つに分類することができますが、**金融機関やコンビニの強盗は意外と素人による犯行が多く、その多くはのちに検挙されてしまいます。**

武装強盗犯の分類と狙われやすい条件

日本における武装強盗の分類

①プロフェッショナルタイプ
（計画性あり・衝動性なし）

現場周辺の下見や逃走経路の確認といった、周到な準備を行った上で、民家などに押し入るプロの犯人。

②盗賊タイプ
（計画性あり・衝動性あり）

犯行を行うに当たっての用意は周到だが、現場でコントロールに失敗してしまう犯人。金融機関強盗によく見られるタイプ。

③カウボーイタイプ
（計画性なし・衝動性あり）

準備もせず、変装もしないままコンビニなどに押し入るタイプ。金銭獲得や逃走に失敗する可能性の高い、素人の犯人。

銀行強盗に見る被害に遭いやすい支店

1992～94年にイギリスの首都警察が扱った734件の銀行強盗について分析した結果、一度被害に遭った支店の50%が3年以内に再び被害に遭うことが判明

アメリカのシアトルの調査でも63%の銀行が2度以上の被害に遭っている

- 防犯システムが十分でない
- 支店の前に車を止めやすい
- 身を隠せる場所がそばにある
- 逃走ルートが複数ある
- 逃走を困難にするような交通量の多い交差点や鉄道の踏切がない
- 警察からのアクセスが悪い

これらの条件が揃っている銀行が狙われやすいと考えられる

反復して被害に遭う銀行支店がある一方で、同じ町にありながらまったく被害に遭ったことのない銀行が存在していることも多い。

強盗を惹きつける支店と強盗が避ける支店がある

Chapter 4

サイバー犯罪から身を守る方法は？

セルフコントロールとリスク

スマートフォンが広く普及した現在、個人情報の流出やパスワードの漏洩による不正アクセス、ウイルスやマルウェアへの感染といったサイバー犯罪は、私たちにとって身近な脅威のひとつです。

こうしたサイバー犯罪の被害防止に対しては、「複数のサイトで同じパスワードを使い回さない」「怪しいサイトを閲覧しない」「メールに記載されたURLや添付されたファイルを不用意に開かない」といった、個人のセキュリティ意識が重要となりますが、実は**セルフコントロール能力が低い人は、こうしたリスクの高い行動をとりやすい傾向があります。**

セルフコントロールとは、より大きな満足を得るために、目の前にある短期的な欲求充足を抑制することができる能力のことです。セキュリティリスクは、本来ならリスクがある行動を抑制する必要がありますが、セルフコントロール能力の低い人は、**その行動から得られる短期的な満足への衝動を抑えることができず、リスキーな行動をとってしまう傾向があります。**

セルフコントロール能力を測る指標としては、「グラスミックのセルフコントロール尺度」（左ページ）などがあります。これらに当てはまる項目が多い人は、セキュリティリスクに関して要注意といえるでしょう。

セルフコントロールとセキュリティ

セルフコントロールとは

より大きな満足を得るために、目の前にある短期的な欲求充足を抑制することができる能力のこと。職業生活、学業成績、対人関係、将来にわたる成功などと関連しており、この傾向が大きい場合はより適応的な行動が示され、不適応な行動が抑制されるとされる。

例

- **ある程度の時間我慢してより多くのマシュマロを得るか、とりあえず目の前にあるマシュマロを食べるか。**
- **長期的に体重を減らしていき理想的な外見や健康状態を作るか、それとも目の前のケーキを食べるか、など。**

セルフコントロール能力が低い人は短期的な満足を求めてリスクの高い行動をとりやすい

グラスミックのセルフコントロール尺度の例

1	思いつきで行動することが多い
2	ややこしくなってくるとあきらめやすい
3	ただスリルを味わいたくて、時々危ないことをする
4	他の人に迷惑をかけることになっても、まずは自分のことを第1に考える
5	私はキレやすい
6	じっと考え事をするよりも、動き回っているときの方が気分が良い
7	誰かに対して怒っているとき、理由を説明するよりその人を傷つけたいと思う

特殊詐欺の手口は巧妙化している

わかっていても騙される理由

「オレオレ詐欺」や「還付金詐欺」「預貯金詐欺」といった特殊詐欺の被害は、これまでメディアでも繰り返し取り上げられていますが、未だに騙されてしまう人も少なくありません。なぜ騙されてしまうのかというと、そこには犯人たちによる巧妙な心理テクニックがあります。

そのひとつは「返報性の原理」です。これは、**相手から優しくされたり、先にサービスを受けたりすると、こちらも相手に協力したくなる心理**のことで、たとえば「オレオレ詐欺」では最初に相手の体調を気遣うなど、子どもや孫を名乗る人物が被害者に優しい言葉をかけるのが常套手段です。また、「動揺→指示テクニック」もこうした詐欺の定番のテクニックです。たとえば、「息子が痴漢で逮捕された」などといって被害者をパニックにさせ、その直後に「50万円の慰謝料を払えば和解できる」といった、その不安から逃れるための具体的な指示をすると、相手はそれに従いやすくなります。

ほかにも**最初に大きな要求を行い、そのあとに最初の要求よりも小さな要求を行うことで、相手がこちらの要求を承諾しやすくなる「ドア・イン・ザ・フェイス」というテクニックもあります。**こうした心理操作によって、犯人たちは被害者の冷静な判断力を失わせ、まんまと金を騙し取るというわけです。

詐欺で使われる心理テクニック

返報性の原理

相手から優しい言葉を投げかけられたり、先にサービスを受けたりすると、こちらも相手に協力したくなる心理。

無料でお試しできるので
いかがですか？

先にサービスを受けることで、契約しないと悪いという心理が働く

動揺→指示テクニック

相手を動揺させ不安にさせて、直後にその不安から逃れるための具体的な指示をすると、相手はそれに従いやすくなるという原理。

息子さんが痴漢で逮捕されました
50万円の慰謝料が必要です

逮捕という言葉でパニックになり、冷静な判断ができなくなる

ドア・イン・ザ・フェイス

最初に大きな要求を行い、そのあとに最初の要求よりも小さな要求を行うことで、相手がこちらの要求を承諾しやすくなるという心理。

具体例

1 会社のお金を500万円横領してしまった【大きな要求】

↓

2 400万円は自分でなんとかするので、100万円だけ貸してほしい【小さな要求】

↓

3 最初に500万円という大きな金額を提示したことで、100万円が少ない金額のように感じ、要求を受け入れる心理的負担が少なくなる

Chapter

第5章

さまざまな犯罪の心理

放火をする犯人の心理状態

放火犯の動機とタイプ

放火は都市部で発生することが多く、その対象は半分弱が建物で、残りが車両や空き地、公園、ゴミ置き場などです。通常の火災が日中に起きるのが多いのに対して、**放火は夜間に発生することが多く、**とくに真夜中に発生する火災では、放火の割合が高くなります。また、単一の放火は住宅に対して行われることが多いのに対し、連続放火の場合はゴミ置き場や車両といった建物以外が狙われることが多くなります。

こうした放火犯は、**さまざまな動機や行動のものが存在しており、大きく8つのタイプ（左ページ）に分類することができます。**このうちもっとも多いのは「うっぷん晴らしのための放火」で、とくに**連続放火犯によく見られるタイプ**です。たとえば、神奈川県警科学捜査研究所の上野厚の調査では、連続放火犯の64・9％が動機として「不満の発散」を挙げており、「放火をするとスカっとした」といった報告をするものが多いのが特徴です。

なお、**子どもによる放火はこれとは別のタイプ分けがあり、**火遊びなどの好奇心によるもの、家庭の問題や生活上のストレスが原因となるもの、非行行為のひとつとして火を放つもの、「学校に行きたくない」などの理由により火を放つもの、繰り返し放火を行う病理的なものの5つに分類されています。

放火犯の分類

性的興奮を得るための放火

自分でつけた火を注視することによって、性的な快感を得るタイプ。マスターベーション直後に火をつけたくなるなどの性的逸脱がある。この種の性的逸脱を「ピロマニア」と呼ぶが、日本ではほとんど報告がない。

英雄志向による放火

自分で放火したあと、自ら消火したり、警察や消防に連絡するなどして「ヒーロー」になることを目的としたタイプ。犯人の中には、消防官を志望している者や、すでに消防官である者、消防団に属している者もいる。

復讐のための放火

恨みのある相手に対する復讐として放火を行うタイプ。実際に人間関係のある人物への復讐だけでなく、「金持ち」や「学校」、「社会」などの抽象的なカテゴリーに対する復讐のために放火がなされる場合もある。

うっぷん晴らしのための放火

日常生活でのいらいらや不満を解消するために放火を行うタイプ。「復讐のための放火」と違い、不満の原因とはまったく関連のないものに放火を行うのが特徴。放火犯の中ではもっとも多いタイプで、とくに連続放火犯に多い。

利得のための放火

火災保険金などを得ることを目的として放火を行う。

犯罪組織と関連した放火

犯罪組織が脅しやトラブル介入のために放火をすることがあり、日本でも暴力団はこの種の放火をしばしば行う。

テロに関連した放火

政治的・宗教的なテロによる破壊活動として放火が使用されるもの。政府や政党の建物、警察、皇居、宗教施設、企業、他国の大使館や施設、外国人学校など、背景となる思想によって攻撃対象が決まり、爆発物が使用される場合も多い。

他の犯罪の隠蔽のための放火

横領や窃盗、殺人などの証拠を隠滅するために放火を行うタイプ。窃盗目的で住居に侵入したものの、十分な成果が得られなかった犯人が、証拠の隠滅とうっぷん晴らしを兼ねて現場に放火するというケースもある。

【監修者紹介】
越智 啓太（おち・けいた）
法政大学文学部心理学科教授。1965年、神奈川県横浜市生まれ。学習院大学大学院人文科学研究科心理学専攻修了。警視庁科学捜査研究所研究員、東京家政大学文学部助教授、法政大学文学部准教授を経て2008年より現職。臨床心理士。専門は犯罪捜査への心理学の応用。著書に『犯罪捜査の心理学』（化学同人）、『ケースで学ぶ犯罪心理学』（北大路書房）ほか多数。

【参考文献】
『Progress & Application 司法犯罪心理学』（著 越智啓太・サイエンス社）／『ポケット図解 犯罪心理学がよ～くわかる本』（著 越智啓太・秀和システム)／『ケースで学ぶ犯罪心理学』（著 越智啓太・北大路書房）／『犯罪捜査の心理学―凶悪犯の心理と行動に迫るプロファイリングの最先端』（著 越智啓太・新曜社）／『朝倉心理学講座〈18〉犯罪心理学』（編 越智啓太・朝倉書店）／『入門 犯罪心理学』（著 原田隆之・筑摩書房）／『痴漢外来――性犯罪と闘う科学』（著 原田隆之・筑摩書房）／『男が痴漢になる理由』（著 斉藤章佳・イースト・プレス）／『介護殺人の予防―介護者支援の視点から』（著 湯原悦子・クレス出版）
※この他に多くの書籍やWebサイト、論文などを参考にさせていただいております。

【STAFF】
編集 ―――― 株式会社ライブ（竹之内大輔／畠山欣文）
執筆 ―――― 永住貴紀／村田一成
装丁 ―――― 武本朔弥（アイル企画）
カバーイラスト ―――― 羽田創哉（アイル企画）
本文デザイン ―――― 寒水久美子
DTP ―――― 株式会社ライブ

眠《ねむ》れなくなるほど面白《おもしろ》い
図解《ずかい》 犯罪心理学《はんざいしんりがく》

2024年 3月 1日　第1刷発行
2024年12月20日　第3刷発行

監 修 者　越智《おち》 啓太《けいた》
発 行 者　竹村　響
印 刷 所　TOPPANクロレ株式会社
製 本 所　TOPPANクロレ株式会社
発 行 所　株式会社日本文芸社
〒100-0003　東京都千代田区一ツ橋1-1-1 パレスサイドビル8F

乱丁・落丁などの不良品、内容に関するお問い合わせは
小社ウェブサイトお問い合わせフォームまでお願いいたします。
ウェブサイト　https://www.nihonbungeisha.co.jp/

Printed in Japan 112240216-112241209Ⓝ03　(300073)
ISBN978-4-537-22192-3
（編集担当：萩原）